你的形象价值百万

【加】英格丽·张 Ingrid Zhang ◎ 著

長江出版傳媒
长江文艺出版社

图书在版编目（CIP）数据

你的形象价值百万 / （加）英格丽 · 张著. -- 武汉 ：长江文艺出版社，2015.9
ISBN 978-7-5354-8138-2

Ⅰ. ①你… Ⅱ. ①英… Ⅲ. ①个人－形象－设计
Ⅳ. ①B834.3

中国版本图书馆CIP数据核字(2015)第124304号

选题策划：马百岗
产品经理：韩栋娟
责任编辑：高　娟
责任校对：陈　琪
封面设计：清清视觉设计
产品经理：左　怡　邱　莉

出版：长江出版传媒 | 长江文艺出版社
地址：武汉市雄楚大街268号　　邮编：430070
发行：长江文艺出版社
电话：027—87679360
http://www.cjlap.com
印刷：北京鹏润伟业印刷有限公司

开本：720mm × 1030mm　1/16　　印张：17.5
版次：2015年9月第1版　　2015年11月第2次印刷
字数：217千字

定价：36.00元

如果：你穿错了衣服，不懂得搭配得体，身上散发着气味，头发不整、鼻毛伸出、肩头上有头皮屑，请小心：没有人会告诉你！

他们这样评判你："ta没有良好的生活习惯，ta来自没有教养的家庭，ta不珍惜自己，ta也不会珍惜别人，ta可能不诚实，ta可能不可靠……"

你的故事，就这样被他们杜撰。

你的人生，就这样被诋毁！

如果：你不想受人尊敬；

不期望事业成功；

不渴望卓越人生；

不在乎业绩、不想晋升；

你不希望孩子被老师喜爱；不指望孩子出类拔萃、脱颖而出；

你不愿意明天更美好，

你不相信形象改变命运，

请不要打开此书！

媒体赞誉及荣誉

《你的形象价值百万》将助你完成从平凡到优秀、从优秀到卓越的成功跨越！

——亚马逊网

《你的形象价值百万》里给我们展示出形形色色无影手，它存在于商业社会的每个藏有魔鬼的细节里。

——《时代人物周报》

读者可以细细地慢慢品嚼和借鉴。因为你也可以塑造你的新形象，并且借此提升你的社会价值，你的形象同样也可以价值百万。

——《英中时报》

一本指导人们如何设计自身职场形象的书。

——《北京晨报》

这本书帮助你在外表上至少像你属于的那个阶层应该像的人。

——《中国企业家》

这是一本关于职业人员如何懂得修理好个人边幅的有用之书。

——《时尚》

在这个世界上，你有两个选择：要么不修边幅、自由自在、永远别想出人头地；要么就看这本书。

——《虹》

形象设计——成功的必要修炼！她揭示了为什么要注重形象设计以及如何在日常生活中塑造自己的成功形象。

——《文汇读书周报》

这是一本启迪成功的智慧书，是帮助白领们打开成功之门的一把金钥匙。

——《中国报刊博览》

形象对成功具有非比寻常的决定作用。

——《南岛晚报》

* 2007 年，本书荣获共青团中央宣传部、中国青年报社、中国版协青春工作委员会联合发起的“我最喜爱的一本书 · 首届百种优秀青春读物”。

* 2015 年，安徽省春节全民阅读活动，《你的形象价值百万》为安徽省省妇联推荐图书。

* 全国妇联第四届全国优秀妇女读物奖。

十二年再版前言：你装不成你不是的那种人！

这本书自第一次出版《修炼成功》，到后来《你的形象价值百万》，至今已经十二年了。这十二年，中国发生巨大的变化。十几年的时间最大的变化，就是依靠“短平快”成为“暴发户”的时代已经过去。恰恰是在这样的时代背景下，《你的形象价值百万》迎来了揭开她内涵的时机。这本书不是让你吃“快餐”，每一个章节都是一场人生修炼。这本书，不是一个追潮流、赶时髦的书，尽管讲的是外表形象，其实质内容远远超越服装。再版了几十次，经过四个出版社编辑，其实质内容没有变化，因为形象设计的实质是人生设计，没有完整的人生观依托、没有深邃的精神内涵的只是短期的功利主义表演。

能够打开这本书，说明你在寻求不一样的生活。此刻，是人生的微妙的时刻，隐含着未来巨大的转折。静下心来，花一点点时间让自己内心有一段自我对话。问自己：“我的形象是什么？反映了我的追求、我的背景？什么是我的追求？我的成功是什么？我活着是为了什么？我怎样能够更好地生活？我有什么潜力？我幸福、圆满吗？我受到尊敬吗？我在盲目地奔波，还是有节奏地生活？……”

这些问题看起来很大，是哲学家讨论的人生大问题，似乎和形象毫无关系。可是，它们却巧妙地隐含于你的形象之中。形象，并不是简单的穿衣打扮，你的形象根植于你的内在，你的人生观、价值观、成长经历、教育背景、生活习性等等，你知道的、不知道的自己，你可能成为的“自己”，你的家庭、遗传、未来，都通过所有可见的细节、不可见的细节表达传递。

之所以如此强调形象的内涵性，是因为，不从根本上建立完整的人生观，形象仅仅是急功近利的捷径，那么，“价值百万的形象”就如水上浮萍，并不能带给你根本的生命意义。形象，是一生的工程，不是做给他人看的表面表演（尽管它具备瞬间的魔法），更不是掩盖自己内在的障眼法。形象的根本，不是外表，源于内在。形象的价值，不在于你的服装值钱，在于你这个人值得信赖。有这样的思想，你才能够建立价值百万、亿万的形象。因为，那时，你就是一个价值亿万的、有诚信的人。人，可以短期演戏，但必须长年排练。排练久了，戏演多了，戏内戏外即一致了，演戏和排练就一样，你就成为这样的人。简言之，“你装不成你不是的那种人”！

我们曾经处于狂躁的时代，风云人物的名字和故事占领了媒体，他们让人们羡慕：一夜之间暴发成了亿万富翁，奋斗到了财富排行榜，住在豪宅里，成了媒体关注的焦点，拥有至上的权力，能掌控、支配着别人的命运。你无法否认这就是成功，但是，你不局限于成功的局部、外表、有限、片面、暂时的现象。你渴望获取财富、取得成就，但是，生命有更伟大的意义。追求意义是人生的另一个基本需要，得不到满足，生命就残缺不全。

狂躁渐消，我们处于前所未有的大转型时代，单向度的成功带来的危害，日益显现。无论人类社会，还是个人，都在走向完整、和谐、有品质的生活。更高的成功，是完整、圆满、宽广、深邃、高瞻的成功的生命，而不是残缺不全的单向度成功碎片。成功不是用卑鄙的手段，不是用良知的丧失，不是用婚姻的破碎，不是失去心爱的人，不是伤痕累累的心灵，不是成为阴谋家。

顾名思义，“完整、全方位”的成功，意味着不是单一的、隔离的、分离的。你不仅要在物质世界取得成就，还要有和谐的社会关系，高度的生命视野，在生活中发现并释放你的潜力，实现生命独有的价值。内在，你安详、无惧、充满了自信；外在，你取得了应该取得的成就。你不遗憾自己没有成为盖茨、巴菲特，你是独一无二的，没有人能够取代你！

赫胥黎曾经说：“生命很平淡，我们每个人的财富和幸福都取决于我们是否知道这场游戏的规则，而这个规则似乎要比下棋更加复杂和深奥！”成功的生命也正如同下棋一样，不懂得规则，就不会下棋。而有关生命成功的知识是我们最需要的，却是现代主流的学校不能教给我们的。你猛然觉醒，时光一去不返，还在用失败、挫折、痛苦换取经验。可是，谁还愿意用更多的磨难换取觉醒？如果你有强烈的紧迫感，你就知道要用知识、智慧推动你生命的全方位成功。

实现全方位成功的人生包含了两个规则：社会游戏——寻求物质财富；心灵游戏——修炼精神财富。一旦掌握这个游戏的规则，就能取得全方位的成功。

成功，也爱以貌取人，它喜欢那些举止得体、热情友善、真诚自信的人，而厌恶那些穿着邋遢、刻薄无礼、虚伪自卑的人。不要渴望人人通灵，以便看到你美丽的内在，现实是：内在的品质、才能和信念也要通过外在的形象、举止来展示。就在举手投足间，你可能取得了人们的信任，或失去命运带来的机会：没有一个人愿意让一个不可信的人承担重任，没有人会喜欢一个形象糟糕的人。

形象有一些固定的“潜规则”，新版《你的形象价值百万》包含了成功形象设计的所有智慧和内容——从视觉、听觉、嗅觉到感觉，从服饰、沟通交流、生活方式、个人气质、商务礼仪、艺术品位到个人风格，让你建立起成功的商业形象和社会形象。它试图表达“你的形象价值不止百万”，将助你完成从平凡到优秀、从优秀到卓越的成功人生转型的第一步！

| 推荐序 |

当我还是个孩子时，我的祖父斯蒂文告诉我：中国将成为世界之强。因为，中国人不会忘记他们是谁，他们不会放弃自己的文化，但是，他们会吸取别国文化的精华，这种文化的结合正是他们的强大之处。许多年之后，我优秀的学生英格丽让我理解了祖父的智言。

作为加拿大滑铁卢大学的教授，我的研究及教学着重于架起技术领域与非技术领域的桥梁。我看到了技术是如何在改变着我们的生活，为那些具有高度才华的人打开机遇的大门，而又是如何束缚那些漫不经心的人的发展。他们或者用僵化、教条的方式思维和实践，或者太自大、太愚昧，以致无法看到成功的原则并不在于技术。成功是一项如此庞大而又复杂的人生工程，它需要一定的原理和规则，如果我们不精心设计规划，这个工程就不能如愿地实现。

我在为国际跨国公司做咨询时，体验到古哲学家泰勒斯所言："成功最快乐。"那些成功的国际巨头创立了丰厚的人生。他们有着高度的自尊、乐观而进取的积极态度、成熟的人生观。他们向我证明了我的工作的意义，仅仅掌握技术不是成功的金钥匙。在成功的每一个台阶上，都包含着理性的修炼、自我成长的哲学、在现实社会中的处世原则、对人性心理的理解、灵活而多维的思维方式以及高瞻远瞩的雄伟气魄。这些正是那些来自科学技术领域的人所缺少的，因而导致许多有才能的人不能走向领导阶层。

英格丽把这些成功所必需的非技术原则带给那些渴望成功的人。一个与你们出生在一个国土，在西方接受过科学、社会科学、心理学、艺术等教育的人，她是一个不知疲倦地追求和开拓的国际化的人。在作为一个学生时，她就展示出惊人的能力，她把东西方的思想、文化结合为一体，所产生的具有实际指导意义的新思想比它们各自独为一体时更加有智慧、更让人视野开阔。我仿佛在等待着这位来自中国的特殊学生来帮助我理解祖父的智慧，让我深深地爱上这个历史悠久、强大的国家。正如我十年前期望的一样，她终究会从一个技术人才成为一个西方理念和文化精华的传播者、一个帮助规划成功生活的设计师。她在这个时代是连接东西方文化的桥梁之一。

中国展现给世界一个前所未有的面貌，在世界上起着重要的作用。中国是WTO的成员。这样的机遇带来挑战，作为一个深怀中国情结的外国人，我渴望每一个中国人都能展现给世界最优秀的中国的形象，因为，全世界都在注视着中国。每一个中国人都应该知道自己的国家在世界上的影响和作用，世界对中国人有着美好的期望。在海外 14 年之后，英格丽重返故土，把她丰富的经验和有实践意义的知识向中国传播，这也许是中国加入WTO后，那些进行国际商务、政治、文化交流的人所需要的。

除非你已经准备好启动成功之程，否则这本书将无法指导你。今天的世界发展缩小了人们交流的距离，扩大了生活的空间。越来越多的机会可以改变人们生活的轨迹。你如何抓住来临的机会？如何告诉别人你正是他们所需要的人？你需要了解是什么造就了那些成功者和领导者，你需要摆脱那些妨碍你成功的习性。也许在你出生之际，天体的行星已经注定你有巨大的潜力，但是别人又如何知道呢？你需要教给别人如何了解你：“我不但有技术、有知识，我还有领导力，我懂得世界商业社会的规则，我能让你的公司更有发展。”

英格丽曾经是我的学生，但是今天她的教授却已成为她的学生，她已经成为一个有智慧的老师，她把那些看似简单但还未广为人知的成功的原则和知识包纳在这本书中，我希望中国的读者们成为她的书的受益者。

祝愿中国读者都达到自己的目标。

诺曼·鲍尔*

2003 年 2 月 20 日于加拿大滑铁卢大学

---

*诺曼·鲍尔是加拿大滑铁卢大学系统工程系教授，任滑铁卢大学“社会、技术和价值研究中心”主任。

|目 录|
CONTENTS

服饰篇

061

沟通篇

123

身体语言篇

礼仪篇

尾声篇

开　篇

你　的　形　象　价　值　百　万

谁应该注重形象?

大多数不成功的人之所以失败是因为他们首先看起来就不像成功者。再者，他们看起来就不想成功，或者根本不知道什么是成功，或者当成功的机会到来时，他们不知道如何把握成功。

——罗波特·庞德

生命是很平淡的，我们每个人的财富和幸福都取决于我们是否知道这种游戏的规则，而这个规则似乎要比下棋更加复杂和深奥。

——赫胥黎

我不是为天才讲课，他们自己会给自己闯出道路来的。我也不是为傻瓜讲课，为他们不值花这么大的气力。我是为那些水平中等并想把自己培养成为将来能胜任工作的人讲课的。我不是教哲学，而是教人们哲学地思考。

——康德

我之所以看得比笛卡尔等人要远一些，那是因为我是站在巨人的肩上的缘故。

——牛顿

知识由于相同，无知则由于相异。

——恩培多克勒（古希腊哲学家）

（一）如果你是企业领导者

——你和你职员的形象就是公司的广告牌！

老总的形象就是品牌

如果你是一个公司的老总，你的外表就是公司最好不过的说明书了。“企业文化就是老总的文化！”如果你看起来不像一个企业老总，就不要困惑你的公司为什么不能够出类拔萃，就不要责备顾客不信任你们的产品，你的外表在告诉别人：“我的公司不寻求卓越，我不追求品位，就像我们不在乎自己的形象一样。”

请不要忘记，你的职员的形象也是公司的广告牌。现代社会在发展，任何公司的产品和文化都在逐步地人格化。不能够展示出高度职业化的形象，就等于向客户宣告：“我们不能满足你们的质量和服务要求。我们没有高度的职业素质，我们不在乎你们的满意度，我们的产品和服务都不可靠，你们可以付低价。”糟糕的职员形象严重地损害、破坏公司的形象。

根据英国的调查，能展示出良好形象的企业的收费标准要高于同行平均值的 9%。自 1983 年以来，英国对服务的投诉增 400%，但 96% 的情况下，人们并不向公司投诉，而是转向其他公司。大部分情况下，由于职员的忽视、怠慢，没有展示出高度的职业化行为和可信度，客户转向了其他公司。

这些都在告诉我们：如果总裁和员工能够有杰出的形象，客户情愿为这些优秀的职员形象而付出更高的价格！如果企业领导不能够提高自己及其职员的外表形象和职业素质，就不能创造有利于企业发展的文化，职员就不会提高自身的职业化的形象，也不会把企业寻求卓越的精神传递给客户，因为，职员不理解客户是如何敏锐地通过观察企业职员的外表来捕捉、判断企业的文化和可信度的信息。

在西方，很多具有国际名望的公司早就不再用广告中的美女和俊男来表现公司的形象、寻求公众的信任，公司理解到，个人（职员）的形象就员工的素质代表了产品的质量，员工的言行代表了企业的文化和素养。

是集体（公司）的形象。许多公司把形象作为一个职员的重要基本素质，因为他们知道职员的形象不仅通过他们的外表，而且还通过沟通行为、职业礼仪等留给客户一个印象，这种印象反映了公司的信誉，产品及服务的质量，公司管理者的素质、层次等，通过对公司职员形象的判断，客户可以判断公司的服务、信誉，职员的形象直接影响着公司的信誉。

如果公司管理者希望销售人员业绩提高，就要懂得如何让他们的穿着和行为更代表公司的产品质量。建立一个品牌非常地艰难，它也许需要几代人的艰苦努力和成千上万人的集体智慧。每年，世界跨国公司都要花亿万资金维护自己的品牌形象，通过广告、公关、社会福利活动等。公司的形象是企业最有价值的无形资产，而公司的形象是通过企业的管理者、职员、销售、客户服务等等直接地反映出来。

许多跨国公司不惜重金为自己的员工进行形象培训和设计，以提高职员个人素质。因为员工的素质代表了产品的质量，员工的言行代表了企业的文化和素养。据纽约州立大学对《财富》前1000公司的执行总裁调查，总裁们普遍认为如果公司职员能展示给客户一个良好的形象，公司可以从中受益。员工的形象等于公司的形象，公司的形象直接影响着公司的利润，因此保持优秀的公司形象是管理者努力取得的目标之一。

管理学家怀利在《公司形象》一书中指出："如果通过外表、行为和客户的关系，公司的职员能传达公司的价值，这个公司就是成功的企业。"而很多公司却依然不明白这一点。他们把大量的投资放在对产品的宣传、广告，以及对产品质量的精益求精中，但是，他们依然不能成功地在同行中成为卓越者。正如一个英国总裁所描述的那样："一个价值几千万英镑的名牌能被几个在见客户时穿着随便、挺不起身板的、叼着烟卷在门口踱步的小子贬值！"那些漫不经心的雇员，那些破坏职业化的小节和习惯，会断送公司经过多年努力建立的品牌形象。

世界杰出的企业领导人，无不重视企业员工的素质和形象。杰克·韦尔奇和任何在位的CEO一样，他严格地要"清除园中杂草"，那些"杂草"

却是以其形象来判断的。他还定期察看职员的照片，那些“肩膀低垂、睡眼惺忪或者耷拉着脑袋的样子，我就毫不犹豫地把他指出来，说：这家伙看起来半死不活的！他能干好什么？为什么不把他调走？”他还以应聘者的外表来决定是否录用他们，“在市场营销方面，我会聘用那些外表英俊、谈吐流畅的应聘者”。

形象还产生领导力和影响力。世界上成功的巨人们无一不在乎自己的形象。但是许多普通的领导者并不知道，他们不能卓越是由于他们不具有形象的魅力。一个成功的政治家、企业领袖靠的不仅仅是自己杰出的才华，他们如同一个优秀的演员，靠的不仅仅是自己能带给追随者的信念和对未来的承诺，更重要的是他们非常懂得形象的魅力并能够运用这种魅力，把这些承诺的价值具体表现出来，把属于集体智慧结晶的思想生动地表达出来，让追随者把他的形象与他们追求的未来结合一体。他们个性化的外表及人格化的魅力也是他们能够呼唤、吸引着千千万万的追随者的重要原因。形象能够产生魅力，运用形象的魅力是杰出领袖的智慧之一。

（二）我们从喜欢的人手中买东西

——如果你从事销售业、律师、银行、保险等任何与人打交道的职业

对于那些传统的职业，如银行、保险、律师、会计和一切与人打交道的行业（销售、服务），人的外表极为重要。

随着社会的发展，正在产生越来越多的服务性的行业，更多的人将要从事以人际关系为主体的职业，比如咨询、销售等等。很多公司意识到，拥有第一流能够创造、并且向公众传达公司的价值、信誉的人才，是保证公司成功的关键。无论多么优秀的产品，没有能够向社会传递公司产品信誉的人，公司的产品将无法被客户和公众接受，公司将最终走向失败。销售人员正是向大众传达这种理念的人。

成功的推销员，几乎无一不是伟大的人际关系专家。因为，他们是天

生的心理学家，懂得人们愿意从他们喜爱的人手中购买商品，无论这个商品是有形的还是无形的。他们会通过自身形象的魅力，让客户首先不拒绝他，然后再喜欢他，最后购买产品。

以人寿保险为例，保险公司的可信度、价值观和客户对于公司品牌的认可度，就只有通过销售员来传递。人们对这个产品的认识、判断、接受、购买是通过销售员的个人可信度建立起来的。他的穿着、言行、举止、语言、职业化程度、对人际心理学的理解等等，在告诉客户："这个公司是否可信？他们是不是行业中优秀品牌？我是否可以相信他所说的？"

在中国目前的特殊情况下，保险业还只是一个新兴的行业，客户甚至会想："这个公司是否能长久存在？"当销售人员的形象不能够传达可信的信息时，就不要再费口舌宣传公司的政策。英国一位总裁说，保险公司的人与品牌的一致性是享有盛名的大公司建立企业文化的一个基本目标。只有那种持久、丰厚、生长的企业文化才能让品牌延续、发展。

伦敦商学院MBA讲授人力资源的一位专家强调："公司中的人比公司的网络、企业标语更具有说服力。"因而，他强调人在传递企业形象中的重要作用："正是这个软功能使我们与众不同。它表现在企业职员在外界是如何代表企业的，他们的行为和形象应该与企业渴望展示的形象保持一致。"由于通过"人的行为"强调并强化企业形象，使得很多企业从同行业的竞争者中脱颖而出，成为优秀的品牌。

美国商务形象设计师莫利先生曾被美国《财富》500强中的300强公司所雇，去培训指导他们的总裁及销售人员，因为这些公司的决策人认为，高级管理人员的衣着，从里到外都影响着他们在公司的表现。他们在商业中的经验也使他们认识到，穿着好的销售人员，比穿着不注意的销售员成绩突出。个人的形象是一个销售人员在营销过程中，对于公司的产品和个人的可信度最有力的说明书。

个人的形象是一个销售人员在营销过程中，对于公司的产品和个人可信度最有力的说明书。

（三）优秀的形象比你的文凭更重要

——如果你渴望得以升迁、需要寻找工作（尤其是需要寻找外企工作）

有多少优秀的人才长年在一个位置上停滞不前，是他们不再努力，还是缺乏才智？都不是，而是他们没有展示出他们的潜力，他们的形象就让人相信："他不适合更高的位置！"人们总是相信，工作效率、能力、可靠性及勤奋工作是让他们有机会提升的重要条件，但并不是仅有这些条件，你就能在工作中被提升。忽略了对整体形象的塑造，会既得不到上司的注意，也得不到同事的承认。那么，成功形象的秘密是什么呢？只有展示出一个与期待的职位相符的形象，展现出一个可信、有潜力、值得信任的形象，你才能有更大的发展空间，上司和同事才能相信你适合更高的位置。

无论我们认为从外表衡量人是多么肤浅和愚蠢的观念，社会上的一切人都每时每刻根据你的服饰、发型、手势、声调、语言等自我表达方式在判断着你。无论你愿意与否，你都在留给别人一个关于你形象的印象，这个印象在工作中影响着你的升迁，在商业上影响着你的交易，在生活中影响着你的人际关系和爱情关系，它无时无刻不在影响着你的自尊和自信，最终影响着你的幸福感。让我们看看西方人的研究和发现吧！

美国著名形象设计师莫利先生曾对美国《财富》排名榜前300名公司的100名执行总裁进行调查，97%的人认为懂得并能够展示外表魅力的人，在公司中有更多的升迁机会；100%的人认为若有关于商务着装的课程，他们会送子女去学习；93%的人会由于首次面试中申请人不合适的穿着而拒绝录用；92%的人不会选用不懂穿着的人做自己的助手；100%的人认为应该有一本专门讲述职业形象的书以供职员们阅读。

英国著名的形象公司CMB对世界著名的300名金融公司的决策人调查发现，在公司中位置越高的人越认为形象是成功的关键，因而就越注重形象的塑造和管理，并且他们也愿意雇用和提拔那些有出色的外表和能向客户展示出良好形象的人。

社会上的一切人都每时每刻根据你的服饰、发型、语言等自我表达方式在判断着你。

美国德克萨斯州立大学奥斯汀分校在对2500个律师的调查后发现，形象甚至还影响着个人收入，外表形象有魅力的律师的收入高于其同事14%。

美国纽约州希腊求斯大学管理学系对《财富》排名前1000个首席执行官进行调查，96%的人认为形象在公司雇人方面是极为重要的，尤其是对那些要求可信度高的工作和与人打交道的工作，如市场、销售、金融、律师、会计等等。

管理者和人事部门的人都一致认为“优秀的形象比研究生的学位更重要”。加拿大某保险公司人事部门主管，谈到形象在初次面试中的重要性时，他说：“这是至关重要的（It is vital），我们的职业代表着公司的形象，职员的形象反映着我们的产品质量。”当他被问到什么是他们认为可信的形象时，他回答：“能展示出自信、可靠、知道自己在干什么、整洁的外表、合乎身份的举止。”他们认为职员的形象最重要的是：（1）能沟通交流、公众演讲、流利的口才、出色的文笔；（2）出色的外表形象，包括穿衣、修饰、个人卫生、发式、指甲、体形、礼仪等等。

形象到底是什么？

形象，并不是一个简单的穿衣、外表、长相、发型、化妆的组合概念，而是一个综合全面素质，一个外表与内在结合的、在流动中留下的印象。形象的内容宽广而丰富，它包括你的穿着、言行、举止、修养、生活方式、知识层次、家庭出身、你住在哪里、开什么车、和什么人交朋友等等。它们在清楚地为你下着定义——无声而准确地在讲述你的故事——你是谁、你的社会位置、你如何生活、你是否有发展前途……形象的综合性和它包含的丰富内容，为我们塑造成功的形象提供了很大的回旋空间。

形象是事业成功的一个重要的游戏规则。成功的外表形象为你事业的成功起着推波助澜的作用，也可以破坏或阻挡你事业的顺利发展。当然，在公司中位置越高的人越认为形象是成功的关键。

形象对于那些身在失败者之列的人们是一个陌生而无用的概念。对于企业的领导者和管理者，优秀的领导者能用形象掌控追随者的心理，为自己创立一个神话般的形象以确立自己稳固的位置。“企业的文化就是老总的文化”，对于那些在传统和保守的行业中的领导者和管理者，如银行、保险、金融、会计、律师，更应该精心地策划、设计自己的形象。对于那些追求成功的人，创立一个可信任的、有竞争力、积极向上、有时代感的形象，无论你在什么群体中都能获取公众的信任，从而脱颖而出。

一个成功的形象，展示给人们的是自信、尊严、力量、能力，它并不仅仅反映在对别人的视觉效果中，同时它也是一种外在辅助工具，它让你对自己的言行有了更高的要求，能立刻唤起你内在沉积的优良素质，通过你的穿着、微笑、目光接触、握手，一举一动，让你浑身都散发着一个成功者的魅力。

成功的事业是成功人生的一个最基本的内容。而追求“成功”实际上是人生的一场最重大、最复杂、最有挑战性、最激动人心、最有趣、只有运用智慧才能取胜的游戏。正如同我们生活中任何游戏的取胜都有其固定的规则和策略一样，只有遵循一个最佳规则，你才能取胜。谁不遵循这个规则，谁就要失败！

今天，寻求成功的人们开始理性地接受、吸取西方前人的经验。感谢西方的成功学大师们，如柯维、卡耐基、希尔顿，他们把毕生的精力投入到指挥人们如何在这场游戏中获胜的策略上。但是研究形象对成功的影响以及形象设计概念是近三十年才在西方新突起的一个领域，在过去多少年中一直被成功学的研究者们忽略，但形象对成功的影响却从来就没有停止过。对于那些并不缺乏雄心抱负的人，他们不再需要励志和更多的激励，他们只需要按照成功的原则去操作。成功“形象”的概念将从另一个角度为成功的游戏提供必胜的规则。

形象设计的目的不是为了追求外在的美，而是为了辅助事业的发展，展示给人们你的力量和成功的潜力。在今天这个飞速发展的高科技时代，我们有机会透过电视等媒体接触世界，“形象”变得比以往任何历史时期都重要！谁得不到别人的注目，谁就要失败！

由于目前在中国，“形象设计”的概念已经四处泛滥，发廊、美容店都挂着“形象设计”的招牌，形象设计被理解成“把女人打扮得漂亮”“为女人添姿加彩，化妆、美发”，这些导致很多人对形象设计颇有偏见。

值得一提的是，国内近期出版的一些形象方面的书中，关于领带、西服、色彩的错误几乎普遍存在着。不少的书中都把“咖啡色、黑色、绿色”等列为理想的商务领带选择，甚至建议穿黑色、棕色西服，这种论点让人瞠目结舌。如果商业领导人穿着黑色的西服出席国际商业场合，那可是真的出尽了“洋相”，别人误以为你前往“婚礼”或者“葬礼”。商业形象设计不是由个人异想天开地“创造”的，也不是依靠自己的品位和感觉而产生的。它是一种有国际规范的、经过多年的实践论证的、理论与实践结合的经验和知识。一些以“编著”为生的人，想当然地把一些自己的理解和个人品位作为指导别人的信条，造成对读者的误导。如果你是领导、商人、销售人员、面试者，按照这样的指导把自己打扮成滑稽的、缺乏品位的形象，就会导致别人误解了你所传达的形象信息，破坏了你的商业信誉，耽误了你的商机，但是，却没有人会告诉你。

形象设计不仅是应用时尚、色彩、礼仪的知识，更多的是它容纳了成功心理学、社会心理学、哲学、人际沟通交流等等知识，而且要求设计者要深刻地了解公司和企业的文化。这也是为什么在西方，很多家庭主妇在学校或公司受到形象设计的训练，但却无法为那些野心勃勃、受过高等教育的高级管理人员咨询，而只能为那些追求漂亮、时尚的妇女们提供服务。正如美国商务形象设计大师莫利先生经过 26 年的调查和研究发现，很多人从来没有在“传统的商业环境工作过，没有任何商业环境的背景”，他们为客户提出的建议只能让他们“为了失败而着装”。

我们在这里强调的形象设计理念是“为了成功而建立形象”，而不是“为了漂亮而穿着”。我们的形象不同于舞台艺术，不同于时尚，更不同于别出心裁的奇异、古怪。我们寻求引人注目，但是，我们尊重商业游戏的形象设计的目的不是为了追求外在的美，而是为了辅助事业的发展，展示给人们你的力量和成功的潜力。

规则，更加注重建立职业权威、可信度和影响力。

我们所谈到的形象设计，是一个追求卓越人生的人所必须具备的形象。优秀的形象设计，不仅仅是简单地搭配衣服，还应该传授给人成功学的原理，建立寻求卓越的成功理念，领悟透彻的人生哲学，培养高尚的品位，这些正是本书作者的真正意图。没有成功的思维，就没有成功的形象，就没有卓越的人生。人们越来越意识到，指导成功的不仅仅是技巧，而是博大精深的人生哲学和创造性的思维。虽然这本书是关于形象设计的，但作者的本意并不是在形象设计的技巧，而是希望它能够启发读者创造性和多向性的思维，让我们从一个新的角度看待成功和人生的价值。

需要提醒读者的是，失败不是一夜间发生的，它不是一个孤立的事件。失败是长期贫乏的思维和错误选择的积累不可避免的结果。简单地说，失败是每天都在重复地犯几个相同的错误的结果，它开始于我们的不良的、得过且过的懒惰习惯。恶性的习惯导致孤独的、片面的、消极的思维方式，它们是导致失败的罪魁祸首！同样的，成功的、卓越的形象也并不是一夜之间就矗立的，它起始于生活中的一点一滴。

让我们开始卓越的、成功的形象设计吧！让我们开始检查自己身上的每一个细节……

你能够回答这些问题吗?

1.什么领带使男人看起来性感、有活力呢?(红色)

(提示:"性感"总统克林顿曾用它在美国赢取了无数女选民的青睐。)

2.有种颜色的结合是最让人相信它的可靠性和权威性的,这种结合是什么?

什么颜色的西装?

什么颜色的衬衣?

什么颜色的领带?

3.华尔街有句俗语"不要相信那些——"

(1)穿破西服的人　　(2)鞋跟破旧的人

(3)衣着不整的人　　(4)头发不整的人

4.人人想穿得像有品位的中上层阶级。在西方有某种风衣的颜色代表中上层阶级,有种颜色代表中下层阶级,它们各是什么样颜色?

5.一个成功的领导者的一举一动,都要表现出领袖般的魅力,在西方国家为领导人开设的培训咨询提供几个方面的培训?

（1）自信的仪态　　（2）悦耳的声音　　（3）平稳的目光接触

（4）友好的微笑　　（5）品位的穿着　　（6）握手的姿势

（7）进门的仪态　　（8）坐姿　　（9）如何与别人交谈

6.心理学家发现，在人们的沟通交流中，非语言信息的交流占有相当高的比例，在你留给别人的印象分数中，非语言信息（包括你的穿衣、举止、长相、面部表情等等）占下面的哪个百分数？

（1）20%　　（2）50%　　（3）78%　　（4）93%

7.美国著名股票商、亿万富翁查尔斯·斯亚波说，他的什么价值百万美金？

（1）他的眼睛　　（2）他的笑容　　（3）他的手表　　（4）他的西服

8.接电话时，应该让电话铃响到第几声时，再去接？

9.在西方，公司对电话员的训练，为了让他们的声音放射出热情和兴趣，为了让别人感到他们的温暖。在打电话时，应该

（1）用沙哑的声音讲话　　（2）先对自己微笑

（3）用有力的声音讲话　　（4）快速讲话

10.丘吉尔、伊丽莎白女王、布什、希腊船王等等世界著名人物都戴某种品牌的手表，这块表意味着富贵、至高无上的身份。这块表是什么品牌？

11.西方销售心理学家研究发现，小个子男人做销售员，易于让女人相信还是不易于让女人相信他们？

12.一个男人至少要有两套西服，它们应该是什么颜色？

13.最有品位的衬衣，是带花案，还是不带花案？花案越大越好，还是越小越好？

14.白袜子、红袜子、花袜子都不能穿，那么你的袜子应该是什么颜色？

15.女人在工作中的穿着，越有性感魅力会越有利于事业，还是越有损

如果你希望销售员提高业绩，你要懂得如何让他们的穿着和行为更代表你的产品质量。

于事业？

16.在身体语言中，手摸脸的动作，易于让人们产生什么想法？

17.撒切尔夫人为了自己的政治前途，为了建立一个强有力的领导者的形象，曾参加过什么训练咨询？

18.男人身上的西服套装中，最能让人们判断其性格的是什么？

19.男人用领带夹，是有品位还是无品位的表现？

20.列出正常商业西服、领带之忌的图案是什么。

21.与西服搭配的皮鞋应该是什么颜色？

22.90%的人会在与你相见后几分钟内形成对你的第一印象？

（1）前 20 分钟 （2）前 40 分钟 （3）前 10 分钟 （4）前 10~40 秒

23.在西方，打保龄球是有助于形象，还是有损于形象？

24.个人爱好反映出你的品位，列出五个有品位的个人爱好。

25.品位是不是能够提高你的社会等级？

26.为什么“你一张口，我就了解你”？

27.你的体重、体形是否影响你的面试？

气 质 篇

你 的 形 象 价 值 百 万

第 1 节　看起来就像领导（领袖）！

事业的长期发展优势中，视觉效应是你的能力的九倍。

——哈佛商院《事业发展研究》

形象如同天气一样，无论是好是坏，
别人都能注意到，但却没人告诉你。

——乔 · 米查尔（领导学形象专家）

伟大的人是自己理性形象的扮演者。

——尼采

如果你看起来像你护照上的照片，你最好别四处旅游。

——佚名

无论你做什么，保持你的外表。

——查尔斯 · 狄更生

像领导那样思考，像领导那样举止，像领导那样说话，那么，你就是领导。

英国反对党领袖伊恩·邓肯·史密斯在2002年9月接受BBC电视台记者采访。他面色茫然、腼腆、毫无生机，他用有气无力的、平乏的语调攻击了托尼·布莱尔首相及其政党的政策。记者问道：“你认为自己能出任下一届首相吗？”他犹豫了一下，目光下垂，语气不坚定地说：“是的，我可以，但我需要努力争取。”几分钟之后，电视台收到不满意的观众的电子邮件及电话录音：“他自己都不相信自己能成为首相，让我们如何相信他可以做我们的首相？”“他看起来根本就不像个英国首相！”“难道保守党再找不到别人做领导者吗？”

这是英国反对党在认为前领袖威廉·黑格不能展示给英国选民一个良好的形象后，在2001年新换的领袖。前领袖威廉被英国人戏称为“小老头”，他只有四十多岁，却像个走入暮年的老人，神色、语气缺乏朝气和自信，这位新换的领袖和威廉如同孪生兄弟。再看看劳动党领袖、英俊的托尼·布莱尔，总是满面春风地带着笑容，走路和说话时浑身都散发着朝气和热情，他看起来就能够鼓舞他人，看起来就像个出色的领袖。也难怪很多英国选民虽然不支持劳动党的政策，却投给了托尼·布莱尔一票，至少从领袖的外在魅力上托尼还值得这一票。一位英国朋友说：“保守党的领袖让我对这个党已经失望，他们这两届的领袖看起来就不像能成为首相的人。”英格丽的一位英国朋友甚至激进地宣称：“除非保守党能够找出一个长着头发的领袖，否则他们永远只能够坐在反对党的座位上！”由于竞选人“看起来不像个领袖”让保守党一次次失去了驻守唐宁街的机会。

对于经常出现在媒体上的政治家来说，他们的形象对于选票的影响能够千百次地证明“看起来就像个成功的人”的重要性。政治家们只有经得起千千万万个选民的百般挑剔才能够走向自己的成功大道。因此，“看起来像个领袖”对于政治家们来说，是获取选民信任的第一个至关重要的条件。正是“看起来像个领袖”的魅力，使里根、克林顿、肯尼迪、希拉克、撒切尔等满足了选民对领袖形象的要求而连任。杰出的政治家都深刻地认识到“看起来像个领袖”在选民中的重要影响，都雇有形象设计师及沟通交流专家、社会心理学家为他们塑造一个能表现自己的最佳形象的模式，对影响自身形象的任何一个因素，包括服饰、发式、声音、手势、姿势、表情等都精心地设计。

在西方政治家竞选时，竞选人的幕后策划班子里四个最不能够缺少的专业人才之一就是形象设计师。他们的目的就是要让竞选人看起来就像是个能够胜任领袖职位的人。如果看起来不像个领袖，无论你的政治观点多么深入人心，也会失去很多追求“魅力领袖人”的选民。这样的例子在西方的商业界也数不胜数。因为他们深刻理解“看起来像个成功者”的形象对事业的促进作用。成功者如果忽略了对自己外在形象的维护，看起来不像个成功的人，是难以得到别人的尊重的。在这一点上，深受英国人影响的香港人“深明大义”，越是成功的人，越注意自己的社会形象。李嘉诚之子李泽楷的公司里有四个副总裁专门负责公司形象和他的个人形象。什么场合穿什么服装，表现什么样的风格，都有专门的班子为其策划。

1980 年与里根竞选总统的杜卡基斯，这个祖先是希腊籍的小个子民主党领袖，无论外表还是声音，无论演讲还是表演，在英俊、高大、富有感召魅力的里根的衬托下，越发显得“不像个领袖”，因而落选。而演员出身的里根用自己的微笑、声音、手势、服装及高超的演技，表现出一个具有迷人魅力的领袖形象，从而掩盖了他在知识和智力上的不足。

1960 年尼克松与肯尼迪之争中，老牌政治家尼克松似乎在资历上占有绝对的优势，但是忽略了对自己外表的包装。以至于贵族家庭出身的肯尼迪评价他：“这家伙真没有品位！”受到家庭的影响，肯尼迪懂得如何利用自己的外在优势获取选民的信任。在他与尼克松的电视辩论上，年轻、英俊、风流倜傥的肯尼迪浑身散发着领袖的魅力，看起来坚定、自信、沉着，不仅能够主宰美国的政坛，而且能平衡世界的局面。在电视节目中的一个握手动作，就使得一位政治评论家宣称“肯尼迪已经获胜”。当肯尼迪提出“不要问国家能为你做什么，问一问你能为国家做什么”的口号时，激起美国人民上下一片的爱国热潮。肯尼迪是美国人梦中理想的领袖形象。几十年过去了，他的形象一直让人难以忘怀，是世界领袖的标准形象。克林顿总统就是受到肯尼迪的影响，从小立志从政，他以肯尼迪为榜样，终于成为美国总统。在克林顿的身上，正反两面，都有肯尼迪的影子。尽管他是美国历史上丑闻最多的总统，但是他在每一次事件中都能够安然过关，人们一次次由于他富有魅力的形象而原谅他的不检点。相比之下，尼克松因一次水门事件就被迫离开了白宫。

克林顿的夫人希拉里，在克林顿当选之前，曾是女权运动者。她的服装无意识中就展示了女权运动者的形象，她戴着学究式的黑色宽边眼镜，穿着具有女权主义形象的大格子西服。这种形象违背了美国人心目中高贵、优雅、母性的第一夫人的形象，这曾一度影响了克林顿的选票。新的形象设计班子顺应美国人民的心理，用充满女性韵味的色彩时装代替了男性化的、乏味的女权主义的服饰，为她设计了具有时尚感的发式；用隐形眼镜换掉了迂腐的、学究式的黑边眼镜；用温和改良主义的言辞代替了激进、偏激的语言。希拉里的新形象接近了美国选民对于第一夫人的期望，她展示出的既有女性的魅力又有女性的独立、强大和智慧的第一夫人的形象为克林顿的政治形象增添了不可磨灭的光彩。英格丽的一位美国朋友出于对希拉里的喜爱而把选票投给了克林顿。世界上的成功者及领导者努力在外表上塑造“像个领袖”的例子数不胜数。

什么才是成功者或魅力领袖的形象呢？伦敦商院的著名行为心理学家尼克森教授说：“人们用三个概念描述成功的领导者——性格、能力、形象。”因为“社会上的人在自己的大脑意识层已为成功者设立了模式”，而“现在的管理界有意回避对领导的外形研究，是不符合现代管理思想的”。他形容人们期望“领袖有着杰出的优势，他高大、有魅力、有漂亮迷人的音质、有自信的手势、能充分利用身体语言进行沟通和交流”。在心理学家对成功的领导者的调查中，人们普遍认为成功的领导者“看起来就像领导人”。领导者还要具备“聪明、口才流畅、志向远大、勤奋、言行一致、果断的优势”。对于魅力领导的“性格、能力、形象”的要求，甚者还突出地表现在选美比赛中。西方心理学家们对魅力领导人和成功者的研究结果，为追求做领导的人提供了丰富的参考价值，帮助无数向往成功的人少走了多少弯路，节省了多少的时间！“看起来就像个成功者”对于追求成功的人而言更加重要，在外形上接近成功者是自己在思想和行动上走向成功的最关键一步。因为在人们的意识中，具备这种成功形象的人大都是已经成功的人，因此，“看起来像个成功者”能够让你：（1）感受成功者的自信；（2）激励自己走向成功，像成功者那样举止、行为；（3）被人们首先认可为具有潜力的成功者，因而，当成功的机会到来时，你就是成功者！

西方有句名言“你可以先装扮成‘那个样子’，直到你成为‘那个样子’”。这种“看起来像个成功者和领导者”在你的事业中会为你敞开幸运的大门，让你脱颖而出。民主选举时，由于你“像个领导”，人们会投你一票；提拔领导时，由于你“像个领袖”，你就被领导和群众接受；对外进行商务交往，由于你“像个成功的人”，人们愿意相信你的公司也是成功的，因而愿意与你的公司进行交易。

而追求成功的人如只注重培养能力，而忽略了对形象的塑造，必定影响其成功的速度。最近刚被提拔为主任经理的本杰明·王深有体会。本杰明是个雄心勃勃的人，但是，在进入德意志银行之前，他多年得不到提拔。在进入德意志银行三年以后，他接受了形象设计师的忠告，他积极地处处以领导者的形象和姿态来要求自己，他最大的爱好是模仿英国首相布莱尔和美国前总统克林顿。无论是外观还是言词，无论是表情还是动作，他都以这些世界领袖为标准。三年以来，步步高升的本杰明，终于坐在了自己前老板的椅子上。本杰明总结自己的经验：像领导那样思考，像领导那样举止，像领导那样说话，那么，你就是领导。

一位东北的制药业的老总，在20世纪70年代末上大学时，就有着强烈的“领导意识”。他认为伟人具有散发着魅力的外形和举止，他开始模仿着我国某伟人的举止和仪态，通过练习腹腔发声，他把自己原本并没有权威感的脆弱音质改为具有磁性魅力的浑厚的男低音。在 1995 年他又有了国际领导人的新意念，他请了形象设计师，为自己设计具有国际标准的世界巨商的形象。他完全接受国际化的商业形象理念，无论是西装还是休闲服，他只穿能够衬托一个领导宏伟气派的高质量、有品位的服装，他还不放过每一个细节。如今，无论在外观、口音、思想意识上，他都更像一位来自华尔街的金融家。

英格丽建议：

1.像领袖那样思维，多读有关成功人物的传记。

2.像领袖那样穿着，建立精致的衣柜，只穿高质量和给你增加权威感的服装。

3.像领袖那样举止，改变你的身体语言，包括走路、坐立姿势。

4.像领袖那样讲话，默记“我是个领导，我是个成功者”，说话办事要像个领导者。

5.像领袖那样处世，学会让别人喜欢你、尊敬你、拥护你。

6.寻求“领袖魅力”咨询师的帮助，设计“领袖魅力自我发展计划”。

自我提升形象设问

Enhance self-image Q

1.谁是我心目中有影响的领袖？为什么？他们的形象是否影响我对他们的喜欢程度？

2.谁是我心目中最不喜欢的领袖人物？为什么？

人们用三个概念描述成功的领导者——性格、能力、形象。

3.我见过那些看起来就不像成功者的成功者吗？如果有，他们为什么不像？

4.如果我是领袖，我渴望留给别人什么样的印象？

5.我将会如何创造这样的形象？

第2节　你的形象比研究生文凭更有说服力——面试还是面相

从哪个学校毕业，不能决定他们就有多好！简历并不能告诉你所有你想知道的。

——杰克·韦尔奇（前GE总裁）

没人注意你，你也别想继续向上升。

——汤姆斯·彼德

人是可以“貌”相的，一般来说，他的“貌”可以部分或大部分看出他是一个怎样的人。

——卡耐基

在外形上接近成功者是自己在思想和行动上走向成功的最关键一步。

在滑铁卢大学，刚入学的研究生英格丽在一次活动上，以一首《我爱你中国》打动了热爱中国文化的诺曼·鲍尔教授，鲍尔是某工程学院中唯一一位文科出身的教授。在两年的研究生历程中，鲍尔教授对一个来到异国他乡的研究生的指点，改变了英格丽一生的命运。

鲍尔教授问："你准备好找工作了吗？"英格丽回答："还没有。"教授说："那么就从现在开始，为求职做准备吧！"英格丽不解："离毕业还有一年半呢！"鲍尔说："你知道求职需要什么吗？"英格丽回答："简历和自我介绍信！"

教授笑了笑，他看过英格丽的简历后说："你的简历看起来很诱人，有三个不同国家的三个硕士学位，又是跨越科学、人文科学多个领域的人才，我相信你有非常好的知识储备。但是在面试时，你如何让雇主相信你可以胜任一个需要工作经验的职位？"

英格丽说："我会告诉他们，我有潜力，愿意学习，能够适应环境……"教授说："仅靠语言是不足够的！一般来说，人力资源的人阅人无数，他们有一套相人的经验。怎样才能让他们相信你呢？"英格丽从来没有遇到过这样的情况，不知道该如何回答。

鲍尔教授接着说："找工作不是撞大运，只有精心准备的人才能够成功。一般来说，新毕业的人投出去的简历无数，得到的面试机会却极少。一旦得到机会，你一定要准备好通过其他的方式告诉雇主：'我值得信任，我就是你们要找的人，我不会让你们失望！我属于你们这一军团！在很短的时间内，我就会超出你们的期望！'你的穿着要像他们，说他们的语言，举止像他们，你就是他们的一员！还有一年半的时间，好好准备如何在最短的时间内留给他们一个可信、可靠、有潜力的印象吧！"接下来的一年，英格丽的业余时间都是在滑铁卢大学的求职中心度过的。鲍尔教授亲自修改英格丽的简历，把其中语法、用词的不当一一修改，一个没有一天加拿大工作经验的中国人，她轻易地就得到了那个要求"三年以上工作经验"的政府环境部门的职位。然而，正要准备上班，"幸运服装"带来又一幸运！

几天后，在一次环境会议中，英格丽身着幸福蓝西装（这套服装，在以后又为英格丽的朋友敲开工作大门，她们将这套西服称为幸运套装，蓝色，本来是冷静、忧郁的颜色，她们将这种深蓝称为幸福蓝），飘逸的长发整齐地盘在脑后，她看起来年长了好几岁，坦然、自信、面带笑容、认真倾听、点头赞许，看起来是个经验丰富的公司管理人员。她被一家公司看中，公司通知她，副总裁从总部来这里开会，希望见她一面！机会来了，这就是面试。鲍尔教授得知面试她的将是公司的副总裁，很是吃惊，问她："对未来的世界环境趋向怎么看？如何考虑减少污染？如何能源再生利用？"她愣住了，"他们知道我是技术人员，只负责处理废水污染，我还没有考虑过。"鲍尔教授告诉她，既然公司的副总裁面试你，他们一定有其他设想，不会考你技术问题。"可我没有时间准备了！"鲍尔教授鼓励她，公司的高层人员不会陷入技术的细节，其结果并不重要，他们是要看你的思维方式和眼界。英格丽茅塞顿开，她从能源危机讲到再生能源，从水污染讲到水危机，从废水处理讲到废水利用，她没有任何"科学"依据，天马横跨，凭借想象。她的信口开河，却打动了这家国际大工程公司的副总裁，高薪将她"挖走"。一个没有一天北美工作经验的硕士生，她的起薪和位置高于有两年工作经验的博士。副总裁告诉她："我看中的是你的潜力！"

在这个竞争越来越激烈的时代，无数的大学生、研究生以优异的成绩毕业了，当他们步入社会却发现，大学里只教授技术知识，并没有教给他们在社会上如何生存的人文知识。他们所学到的科学技术知识，多是理论和框架，仅仅训练他们的思维，解决不了在实际生活中的问题，也回答不了面试官的问题。人力资源部不会问我们偏微分方程的解法，也不会探讨纳米到底是多少微米。走出校门，就该扔掉你的成绩单和文凭，你将面对的是那些"实战"中的佼佼者，他们有狐狸一般的狡猾、敏锐和机智，瞟你一眼，就对你有了八九不离十的了解。问几个平日里我们还没有认真考虑过的问题，就看出你的思维是一维直线型还是多维立体型，你的视野是一个投资公司的总裁强调，他雇人只看三个方面：能力、品德、适应力。

宽阔还是狭隘，你的性格是变通还是倔强。他们是看你如何应对实际问题，如何与团队相处，你是否能够值得公司训练你，在你身上投资（大部分公司要在新雇员身上投资，这就是为什么公司常常要求“有工作经验”）。这时，我们花了几年奋斗的研究生文凭和成绩单上的“A”，在面临人生第一个职业关口时并无太多优势。文凭可能敲开了面试的大门，而拿下工作，却不是靠成绩单和文凭。有时候，拿着名牌大学文凭的才子还敌不过一个名不见经传的学校出来的“能说会道”的小子。被称为第一CEO的美国GE公司前总裁杰克·韦尔奇就声称：“从哪个学校毕业，不能决定他们就有多好！”

不知人性秘密，就打不开职场大门

有许多经历了挫折的毕业生自信心大受伤害，有的怨天尤人，有的责怪父母没有能力给自己“安排”工作。还有一些人想明白了：不懂得求职的技巧、不知道人性的秘密就打不开职场的大门。在面试的时候，如何展示自己比研究生文凭更有说服力。

“你为什么来这里应聘？”“你的两年、五年、十年规划是什么？”“你最大的缺点是什么？”“你的优势是什么？”“你愿意从事一个新的专业吗？”“你愿意加班吗？”这些问题听起来再简单不过，但雇主并不是为了得到一个简单的答案，这些问题能告诉他们：你的世界观、可信度、适应能力、视野、对自己的认识、自我表达能力，你是否能够和团队合作，你是否能做好本职工作，你是否能够为公司带来贡献，还是成为公司的麻烦。在回答这些看似简单的问题时，你的内在世界就开始像放电影一样展露出来了。

如果你没有做足准备，同时又过于紧张，那整个面试过程就可能像是“审讯”。“请介绍一下你自己！”“我叫安妮，毕业于伦敦大学，学的是自动化专业。”“你为什么来这里应聘？”“我看到了招聘广告。”……如此回答完这些问题，你就很顺利地出局了。一个银行的高级经理在面试了一个“唯唯诺诺的孩子”之后，尽管这只是个实习的位置，他还是说：“我希望雇用的是一个成熟的人，不是一个需要不断指导的孩子。”伦敦银行界的几个高级管理人员都拒绝实习生，他们的经验是这些没有经验的人需要一个专职人员来指导，实习生不但没有带来贡献，还占用他们现有的资源。

我们很有个性，倔强、不屈、执著，这些品质或许是未来我们成功的原因之一，但是在面试时，强烈个性带来的可能并不是积极的影响。“不，我不喜欢干这个，我只能干那个。”未来的老板看到的是一个顽固、不适应环境、以自我为中心的人，而职场是一个集体的大舞台，每一个职员都要以团队为中心。一个投资公司的总裁强调，他雇人只看三个方面：能力、品德、适应力。他认为，他无法在面试的短时间内看到品德，却足以看到人的适应、机动、协调三方面的能力。

形象比学历、资历更重要

心理学家马克和瑞安尼进行的招聘实验表明，申请人的外表决定了他们的面试结果，因此，应聘者的形象比学历和资历更重要。那些在大学里拼命得高分的人，很可能忽视了最基本的人文知识。而你所面临的人力资源和未来的老板都没有时间去考验你的品德和能力，更多的企业不看成绩单，只要你在5分钟甚至更短的时间内告诉他们：我是谁，我能够胜任，我有潜力，我和你们是一个集团军。谁忽视了面试的这一课，谁就可能失去获得理想工作的良机。

我们可以堂而皇之地批评以貌取人是俗人的做法，人的外表怎么能够代替内在的世界？多少“经典”“俗话”教导我们不要被外表欺骗了，那些外表好、内在空洞的人被称为“绣花枕头”，那些有内涵、经得起考验的被赞为“酒香不怕巷子深”；不要短期给人下结论——“路遥知马力，日久见人心”，外国人也说“书的封面不代表内容”。我们不否认这些智慧，可是，当我们仔细分析自己时，我们又何尝不是以貌取人？我们难道没有在挑选那些封面诱人、名字响亮的书吗？

以貌取人听起来是多么不公平，但是，世界上就是这么运行着，连那些超级成功者、杰出的领导人都会以貌取人，毫不掩饰自己根据形象来判断别人。卡耐基认为，“人是可以‘貌相’的，一般来说，他的‘貌’可以部分或大部分看出他是一个怎样的人”。被称为“第一CEO”的前GE总裁杰克·韦尔奇非常重视人才，他说：“对我来说，人就是一切！”他却以形象决定雇员的前程，虽然他称这是自己“最大的错误”，但是他却坚持不改。他不看学位，声称“从哪个学校毕业，不能决定他们就有多好”“简历并不能告诉你所有你想知道的”。在市场营销方面，他会聘用那些外表英俊、谈吐流畅的应聘者。他会定期看雇员的照片，甚至如去稻草一般剔除那些神情不振的人。在提拔人的时候，他看中的是那些有着良好“智力、领导力、合作意识和公众形象”的人。

形象决定你的薪水

优秀的形象不但决定着你是否能够得到想要的职位，还决定了你潜在的薪水。1994年，北美的经济学家在美国、加拿大做的抽样调查发现，那些形象优秀的职员的工资高于平均水平14%，外表着装优秀的律师，其收入高于平均水平18%。优秀的形象似乎就意味着高能力、高工作效率、高可信度，外表虽然不能反映你的内涵，但是在很多时候，别人却通过外表看你的人生哲学。

一个人的外表决定了我们对他的第一印象，外表越吸引人，我们对他的评价也就越积极，人们也会乐于把各种好品质都赋予他。大多数人都会认为，外表有吸引力的人有趣、聪明、有同情心、友善、能适应环境，甚至还会认为他们会在工作中更成功、生活中更快乐。有些形成第一印象的条件是天生的，而有些则是后天造就的。除了你的身高、体重、面部特征是不可改变的以外，着装、言谈举止都会影响雇主对你的第一印象。如果你其貌不扬，那么就更应该全力以赴地通过服装、言谈、肢体语言来强化你给人的第一印象。

成功的面试就是要展示给未来雇主杰出的第一印象，让他们喜欢你、信任你。在面试的时候，他们通过短暂的交流来洞察你的简历、学历所不能展示的内容。通过面试，他不仅仅在看你有多大的能力、能不能胜任工作、有没有发展空间，还会对你的生活哲学、家庭出身、生活习惯、可信度等等进行推断。一个个微小的细节，他们就开始对你进行猜测了。没穿西装，就断定你“不负责任”“不重视机会”；皮鞋上的尘土、口中的异味、指甲中的黑垢、衣服上掉了扣子、领口的黑印、牙上的黄斑，会让人联想：“他注意个人卫生吗？他有良好的生活习惯吗？他出去见客户展示给客户我们公司什么样的形象？”有时候，甚至引起对你不相关的道德判断：“他没有教养，他不遵守规则，他不可信任。”

你没有第二次机会留下第一印象

在中国，不管是外企、国企还是私人企业，对职员的第一次面试，总裁们都有着大体相同的看法。能够得到总裁亲自面试机会的人，已经是“过五关斩六将”了，说他们是千里挑一也毫不夸张。大多数情况下，他们不会问专业技术问题。面试时，总裁要看的是除了专业技能之外的其他技能——也就是个人素养，包括性格、个人魅力、社会知识等。尽管总裁们眼望大局，可是，影响着他们决定的却都是细节，有的甚至小到不足挂齿。

一个投资公司的总裁，就因为应聘者进门不敲门、没有穿西装而断定他“不懂规矩”。虽然他的公司平日也并不要求西装革履，但是这个应聘者却给他“不珍惜面试机会”的感觉，他断定“不懂规矩、不懂得珍惜的人是不可靠的”，这个面试者 5 分钟就被客气地告知“我们将电话通知你”。而另一个公司的决策人，看到应聘者在等待面试期间与前台过于亲密地聊天，就下结论此人“轻佻，人品有问题，不知道自己来干什么的”！对于刚刚毕业的求职者来说，他们首次踏上职场的舞台，他们还不知道第一印象就能决定他们的前程。给人一个良好的第一印象，你就有了发挥潜力的机会。一个糟糕的第一印象，则导致很多人“马失前蹄”，和渴望的职位擦肩而过。

在面试时，沟通的能力也是能为你加分或者减分的部分。沟通是面试的主题，如何回答雇主的问题非常重要。今天的雇主就是昨天的求职者，他们都经历过你所经历过的求职过程，现在他们正坐在企业高管的交椅上。他们回答过无数次“你的人生规划是什么？”“你最大的缺点、优点有哪些？”“你为什么能胜任？”这些常见的面试问题，他们相信这些问题是“大工业化”

的产品，都已经有了标准答案。他们不再问你已经准备好的老掉牙的面试问题。比尔是英国一家银行的高级经理，他说，每当听到“我最大的缺点是工作太投入，太努力”这类回答时，就认为“这是一个‘面试机器’”，他们已经没有真实的自我认识，而是避重就轻。他希望应聘者真诚、专注。

当你“过五关斩六将”终于见到决策人的时候，“工业化”“格式化”的问题少了，“开放式”的问题就会出现了。“开放式”就意味着没有标准答案，答案没有条条框框的局限，让应聘者有发挥的空间。“开放式”的问题能帮助决策人洞察应聘人看问题的全面性、思考的角度、思维的灵敏度，以及应聘者的决策力、人生哲学、知识面等等。

有时候，“开放式”就是雇主本身正在思考的问题，你的回答或许对他有启发；有时候，“开放式”的问题本身就有问题，应聘者如果为答案找到根据，就能够脱颖而出。来自南非的凯文仅仅有学士学位，他申请的工作却是一个以博士为团队主体的项目经理。面试时，凯文被问到那个著名的头脑风暴问题：“为什么排水井口的盖子都是圆的？”凯文思考了一下，突然间他想起这家银行大楼前的排水管道是长方形的，于是他回答说：“不对，排水井口的盖子并不都是圆的。”这让提问者很吃惊，从来没有人怀疑过这个问题，凯文要求带雇主到街边看那个长方形的井口。凯文的回答是正确的，并非所有的排水井盖都是圆的。未来的老板看到了凯文有“独立思考、细心观察”的能力，他能够“果断决策，承担责任”。超常规的回答，弥补了凯文学历的不足，凯文最终成了博士们的管理者。

由此可见，给面试官留下美好的第一印象比拥有高学历和漂亮的简历更加重要。英国有句谚语叫“你没有第二次机会给人留下第一印象”。其实，面试就是看你是否是那块材料！面试，就是最后“一锤子买卖”，所以想要拿下理想工作的人，在挥锤之前请先做好准备！

你该怎么做？读完了全书，你自然有了自己的答案，形象将是你一生的工程，这里，仅仅是第一步！

第3节　没有自信就别想成功

不是因为这些事情难以做到，我们才失去信心，是因为我们缺乏自信心才使这些事情难以做到。

——塞涅卡（古希腊哲学家）

你必须相信不可能是可能的。

——霍华德·海德

你认为你“能”还是“不能”，你都是正确的。

——亨利·福特

好品位不是一夜之间产生出来的，有钱买不来品位。

亨利·于毕业于纽约大学并取得了数学博士学位。然而，名牌大学的博士学位却没有给他内在的信心。在历经了多次找工作失败的挫折后，亨利躲在博士后的位置上，一做就是五年。然而，亨利心中清楚地知道："博士后就是失业的代名词！"他的自信和自尊已经低到了极点。天赐良机终于到来了，在20世纪90年代初，华尔街及西方金融界为数学、物理等基础科学的才子们敞开大门，大批的天才数学家、物理学家纷纷拥进华尔街，在数量分析领域中找到自己的一席用武之地，从此摆脱了越走越窄的"博士后"道路。受到激励的亨利决定改变博士后清贫的生活，想要挤入华尔街。

亨利满天下撒网，他把自己的简历送往任何需要"博士"学位数量分析员的银行，幸运的亨利被召见面试50次，有时一个银行有两三个部门约见他。然而，他面试50次，失败了50次。第51次，濒临绝望的亨利把希望放在了猎头公司。他出色的简历和几页纸才能全部列满的所发表的文章，让猎头凯文格外兴奋。亨利很快被凯文召去面谈，他坐在凯文面前，充满焦虑、忐忑不安地等待着凯文发问。

凯文问他："你为什么从中国到美国留学？"

亨利·于腼腆地说："是由于他们给了我奖学金。"

凯文追问："你为什么能得到奖学金？"

亨利有些不安地回答："大概是因为我幸运。"

"不！"凯文坚决地纠正他说，"是因为你超人的智商及杰出的成绩，你是中国出色的年轻数学家，美国只把奖学金给予最优秀的外国人才。亨利，你要记住，你的简历能把你带到任何银行面试，但胜利地通过面试，你只需要有两个字——自信。你有两个星期的准备时间，让自己至少看起来像个自信的人。"两星期后，亨利被凯文送到了花旗银行进行第51次面试，这一次彻底结束了他长达五年的清贫的博士后生活。

亨利感叹地回忆："那是一次人生的转折点。'人精子'凯文一眼看出了我失败50次的原因。在两个星期内我如同疯子一般对着镜子告诫自己：

成功的企业家都有感人至深的自信。

'我自信，因为我是中国优秀的数学家；我自信，因为我有能力！'为了让自己看起来像个未来的成功者，我面对着镜子练习挺胸、抬头、目光对视，我大声而又坚定不移地讲话。这时我才突然发现自己居然弯腰低头、谦卑地走了这么多年！”今天，自信的亨利是某日本银行全球市场的主任经理，处理上亿美元的交易额。

自信——是成功的第一个信念。西方领导学家及心理学家在对魅力领导人研究中发现，把这些领导人与普通人区分开的第一个特征就是自信。《华尔街日报》上一份研究企业家品质的文章认为，“成功的企业家都有感人至深的自信”。心理学家丹尼斯·华特利在《成功心理》一书中也曾写道：“成功者具有实现自我价值的坚定信念。”麦肯锡公司在对大量的成功企业家进行研究后发现，他们“都具有一般人所没有的自信心”，“他们的自信表现不会像其他人一样被失败的心理摧垮”。世界上伟大的创造性天才们都充满了自信。这种自信是一个成功者必须具备的基本条件。连自己都不相信的事，怎能让别人相信呢？

自信是一种认识和态度，也通过人的风格来表现。美国形象设计大师鲍尔说：“成功男人的风格反映在外表，而优雅来自内在，它是你的自信及对自己的满意，它通过你的外表、举止、微笑展示。”自信并不一定是天生具有的，它可以通过后天的培养而产生。如果你在生活中认真观察，你会发现这种自信是有感染力的。心理学家发现，外向的性格和自信是吸引和保持朋友的重要原因。由于自信，朋友和同事愿意跟随着你，上司也会对自信的人高看一眼。因为自信的气势，让别人相信你能把任何事都变成现实。然而自信却不一定需要用语言来表达，它通过你的神态、语气、姿势、仪态等等，无声无息地、由里向外地散发着魅力。这种魅力的力量，不是外表的伪装，而是发自内心地对自己的信任以及对生活的信任。自信的人首先忠诚于自己的信念，这种信念融入你的言行、举止，让你的举手投足都在辅助你的语言所表达的信息，因而让人们相信你的能力和人格。

成功男人的风格反映在外表，而优雅来自内在，它是你的自信及对自己的满意。

无论是追随者还是领导者都渴望那种有能力、有信念，又有高尚人格的人才。追随者和部下希望领导班子能实现他们梦寐以求的目标，只要你展示坚定不移的态度，你的自信就能感染他们，他们就会把希望寄托在你的身上，而紧紧地追随着你，你的自信和气势能够让他们相信："我能够为你们创造奇迹！"领导者和上司，也相信那些有信念、自信的人。只要你自己坚定不移地相信你提出的一切目标，就会让上司相信你能帮助他实现目标。缺乏自信的人不易于让人信任，没有一个人愿意让一个缺乏自信的人承担重任，他们给人一种"扶不起来的阿斗"的印象，也正是缺乏自信造就了现实中无数的"阿斗"。

心理学家在对学生的统计中发现，在IQ（智商）相同的情况下，自信的学生在学校的成绩高于不自信的。心理学家在解释"为什么一样的天才，有人成功，有人却不成功时"指出："不成功者的自我认识低，因而易受外界影响，尤其是在外界的消极影响之下，他们会产生高度的焦虑，因而表现不佳，而且，自我激励不足。"因而，西方心理学家认为成功的人能够"积极地自我认识（自信），这是取得成就的驱动力之一，也是高度才智的潜力"。自信是成功者开拓的武器，韦尔奇称之为"战胜困难的唯一武器"。无数的案例证明自信能够创造奇迹。在1960年尼克松和肯尼迪的电视辩论中，阴郁的尼克松没有展示出美国人渴望的总统的自信，而毫无政绩的肯尼迪在最后与尼克松握手的一刻，自信地把尼克松的手压在自己的手下，他的这种超级自信满足了美国选民对于总统的神话般的力量的渴望。

更重要的是，心理学家发现自信也是衡量一个人幸福的标志之一，自信的人感到生活幸福。心理学家丹尼斯·威特利认为："多数成功者相信自己的价值，健康的自信是通往巨大成就和幸福的大门，或许这比其他的品质显得更重要。"然而，大部分的人并不具备这种自信。在美国里维斯公司1996年对522人的随机抽样调查中，他们发现，人们对服装的效果的第一要求是能让他们表现得更自信（60%），而对服装效果的最后要求才是"看起来漂亮"（6%）。可见自信的魅力是人人渴望的，但是也是大多数人所不没有一个人愿意让一个缺乏自信的人承担重任。

具备的。

不过，缺乏自信的表现不一定都是卑谦，另一种自我认识低、缺乏自信的表现却是自傲。许多人误以为自信表现过头是自傲，然而事实上却不是这样。自信是在客观、积极认识自我的基础上产生的，而自傲却是在主观上错误地认识自己，自傲的人并不一定自信，很多自傲的人，恰恰是由于缺乏对自己的满意，积极渴望用另一种极端的方式——“自傲”来掩盖自己内在的虚弱。自信的人，充分理解自己的价值，有坚定的自我信念。自信的人不但有高度的自尊，他们更加尊重别人，他们还有一个人最应该具有的内在的安全感和保障感，内在的力量源泉使得他们不需外界的衬托和比较就能找到自我。而自傲的人缺乏这种能力，他们有着让人诧异的向外发散的单向思维方式，由于缺乏对自己的正确认识，他们需要在外界寻找支撑自己虚弱的内在世界的力量，他们往往在与他人的比较中生存，需要极端地突出自我、夸大自我，在夸大别人的劣势中才能找到对自我的满意和信念。遗憾的是，他们从不会从自己的内在世界寻找问题的症结，而把自己的失落都推给了社会制度或者是人际关系。他们怎么能够成功呢？

我们不难从观察失败者中受到启发，一大批“怀才不遇”的人们，他们如何看待自己的事业在一潭死水中停滞呢？他们或者是盲目地、毫无根据地吹嘘自己，把自己的失败都归于外界不能够认识到他们的天才，仿佛只要他们占据一个权威的位置，就能够创造世界的奇迹；或者是不断地对那些成功的“无才无德”的“幸运儿”进行贬低。“自傲”是低情感商数的表现之一，偏执的自傲者表现得幼稚、激进、缺乏理性、狂妄、玩世不恭，他们的儿童心态和饥饿般地寻求自我的不理性表现，让他们无法和谐、美满地处理人际关系，因而常常造成自己“四面楚歌”，而成为“孤家寡人”。

因而“自信与成功有约”，而缺乏自信和自傲与成功无缘。

人们对服装效果的第一要求是能让他们表现得更自信。

英格丽建议：

1.相信生活垂青于自信者。

2.要勇于面对自己的恐惧，承受恐惧。

3.只允许那些积极的想法在脑海中存在。

4.列出自己的优势，并相信这是你的财富。

5.只穿让你自信的服装。

6.敢于说“不”。

7.坦然地接受别人的赞扬。

8.眼睛能与别人直视。

9.保持头部直立，走路和坐立都不要让自己松懈，运用自信的身体的语言。

10.用坚定、果断、热情的语气说话。

11.不要自我贬低，不要说不利于自己和他人能力的话，不要过分地谦虚。

12.不要狂妄自吹，不要贬低他人，不要“怨妇”般地抱怨生活中的一切。

自我提升形象设问

Enhance self-image Q

1.我是否知道自己的缺点和优点？它们是什么？

2.我是否能够接受自己的缺点？它们让我感到耻辱吗？

3.我是否知道自信需要深刻的自我认识？

4.我有和别人攀比的倾向吗？如果有，我在比什么？其结果如何影响我？

5.我懂得骄傲和自信的区别吗？区别在哪里？

6.我是否能够坦然地接受别人的称赞？

7.我是否能够真诚地赞扬别人的优点？

第 4 节　当你的成就还不能和比尔 · 盖茨相比

他们不需要服从条例，他们已经创造了巅峰。

——玛丽亚 · 斯波莱内（世界著名形象大师）

那些极其富有、成功和古怪的人，并不在乎自己留给人们的形象，但我们中的大部分人却不能不在乎外界如何看待我们。

——戴安娜 · 麦特（英国形象设计师）

社会的“成功形象”的模式，以及传统行业的商务礼仪等，已经成为一种潜在的国际公约。

五年前，海峰毕业于中国第一名校的经济系。那时，他是一个追求独特个性、充满了抱负和野心的年轻人。他崇拜比尔·盖茨和斯蒂文·乔布斯这两个电脑奇才，追随他们不拘一格的休闲穿衣风格，他相信“人的真正的才能不在外表，而在大脑”。对那些为了寻求工作而努力装扮自己的人，他嗤之以鼻。他认为真正珍惜人才的现代化公司不会以外表衡量人的潜力。如果一个公司在面试时以外表来论人，那么这也不是他想为之效力的企业。他不仅穿着牛仔裤、T恤，还穿上一双早已落伍的、“文化大革命”时代的鸭舌口黑布鞋，他认为自己独特的抗拒潮流又充满叛逆性格的装束，正反映了自己有独特创造性的思想和才能。

然而，他去外企一次次面试，却一次次地以失败结束。直到最后一次，他与同班同学被某外企公司召去先后面试。他的同学全副“武装”，发型整洁、面容干净、西装革履，手中提了个只放了几页纸的皮公文包，看起来已经俨然是成功者的姿态，而自己依然是那套“潇洒”的“盖茨”服，外加上“性格宣言”的黑布鞋。在他进入面试的会议室时，看到约有五六个人，全部是西服正装。他们看起来不但精明强干，而且气势压人。他那不修边幅的随意装，显得如此与众不同、格格不入，巨大的压力和相形见绌的感觉使他“恨不能找个地缝钻进去”。他没有勇气再进行下去，终于放弃了面试的机会。他说：“我的自信和狂妄一时间全都消失了。我明白了一个道理，我还不是比尔·盖茨。”

高科技的发展改变了社会的经济结构，信息高速公路的开通，缩短了制造成功者的过程。许多电脑奇才在一夜之间暴富，昨日的编程员，今天成了高科技IT公司的大股东。他们还来不及接受传统商业文化的洗礼和熏陶，就追随着偶像比尔·盖茨，穿着随意的牛仔裤和轻松的T恤衫，踏着无带的凉鞋，嚼着口香糖，喝着可口可乐，就来上班了。时代的幸运儿们跳跃了传统成功的企业家、金融家发展所必然经历的艰辛的成功道路，他们虽然用最高效、最有活力的方式进行工作，却忽略了对传统的商务礼仪、商务文化的重视及培养。公司的形象、个人的形象、成功者的素质、执行总裁的素养等概念，还来不及渗透到发展一日千里的IT行业。更何况在他们所领导的IT行业中，许多工作和交流是通过电脑网络进行的，他们的工作性质是面对着电脑最大可能地发挥自己的才能，而电脑这个理性的机器是不会分辨穿牛仔裤、T恤衫的编程员和穿西装、打领带的绅士之间的区别。高科技精英们休闲的、宽松的风格像飓风一样冲击了传统的“形象管理”理念。

但是先不要急于高呼“万岁”！不要以为严谨的商业文化基底会由此而动摇、改变或者消失，社会的“成功形象”的模式，以及传统行业的商务礼仪等，已经成为一种潜在的国际公约，谁不了解它，谁就不懂得商业游戏中日臻完美的境界；谁不遵循它，谁就可能从这场游戏中出局！即使这些时代的弄潮儿平时多么潇洒自如，但当他们要出现在电视、报纸等媒体上时，在关系到公司的进一步投资，要与风险基金管理人、投资方会面时，他们也必须遵循传统的模式，穿着西装革履，让自己至少看起来像个能处理几百万、上千万资金的公司总裁。那些穿衣胡乱搭配，不在意自己的发式，连皮鞋都顾不上擦的奇才，现在要向那些“以貌相人”的传统行业的基金管理人伸手要一笔数目可观的钞票，而这些风险基金管理者又常常把对项目和人的评估与投资相提并论。世界著名的伦敦商学院的“风险基金投资”课程曾请了英国著名的风险基金经理来讲授风险基金是如何选择投资项目的，他在讲到投资者对项目的评估时说：“我们实际上是在对人进行投资。一个一流的人才，可以把一个三流的项目做成一流，而一个三流的人才可以把一个一流的项目做得不入流。”他们对人的评估只能通过短暂的接触，而外在形象及交流的能力又是产生良好印象的最重要的因素。出色的形象会帮助你在商务交流中少走弯路，并减少不必要的挫折。

英国一位华裔投资商在1999年网络飞腾的时代到北京的中关村，和一位电脑才子商谈投资。他说：“我怎么也不能相信这穿着旅游鞋、牛仔裤、头发如同茅草、说话结结巴巴的小子会向我要五百万美金的投资，他的形象和个人素养都不能让我信服他是一个懂得如何处理商务的领导人。”

在上海，一位由英国归来的年轻人顺应时代的发展，把两个人开创的小IT公司发展到上百人的网络公司。公司的飞速发展，也在无形之中改造着他原有的“潇洒”的形象观念。在与美国投资方多次谈判后，他发现那些风险基金的管理者们，与自己最大的不同就是外形的装扮风格和精致程度。他们谈的是数目不小的投资和融资上市，但他的年龄和外表显得与这种商业操作不大相关，他常常感受到投资方的轻视。为了有效地交流，展示给投资方一个成熟、可信、稳重的管理者形象，他对自己外表进行了更新。现在，这个四年前外表并不出众的年轻人，已经完全改变了自己的“盖茨”风格，俨然一个上市公司大股东的气势。

我们必须相信，无论是风险基金经理还是面试你的未来老板，绝大多数都不会相信你现在可以和比尔·盖茨相比。当微软被联邦指控垄断，比尔也被迫出庭时，他从没有穿着随便地出现在法庭和媒体上，而是遵守商业游戏的潜规则，用西装革履展示给世界一个可靠、可信的天才形象。如果你认真观察，会发现比尔的形象也在日趋改变，他在媒体上的新形象已经完全不同于以往，那个着装随便的比尔已经消失了，新的比尔更像一个华尔街上的经纪人。当比尔在北京演讲时，他没有一次是便装出现在媒体上。在北美的《高尔夫》杂志上，有这样一个关于比尔的传说。一次，比尔去打球，他没有穿着高尔夫场地要求的服装，而是穿着牛仔裤、T恤，场地管理人员按规定没允许他入场。盛怒之下的比尔买下了附近一个高尔夫场地，从此再也不用在打高尔夫时还要按规定穿着而受人限制了。可见，世界巨富的比尔也不是穿着什么都能够被人尊重的，“盖茨”服装在贵族文化中就行不通。

比尔·盖茨的巨大成就以及他对世界的贡献决定了无论他穿什么、讲什么，人们不但接受他、相信他，而且崇拜他。但是危险的是，比尔·盖茨只有一个，他是个传奇人物，他的成就和业绩已经超出形象可以传达的内容。他是一个超级品牌，他的名字已经成为超级成就的代名词。衡量社

"成功形象"的概念将从另一个角度为成功的游戏提供必胜的规则。

会"成功"人士的形象标准无法应用于他，如果你还没有取得他所取得的成就，而且又不是公司老板，纵然有多么出众的才华，为了你的不可估量的未来和潜在的无限机遇，还是不要像前面所讲的海峰那样，与自己的事业和机遇作赌博。

英格丽建议：

1.在出席商业会议、媒体采访、与商家签合同、首次与客户见面时，无论是周五、周六、周日，请你一定要穿西服，打领带。

2.即使不穿西服，也不要穿牛仔裤、T恤衫。

3.不要以穿着不规范的世界顶级成功人士为榜样。

4.不要追随娱乐界明星的穿着。

5.选择传统的服装，宁可保守也不要过度追求时尚，时尚只能保守地反映在你的休闲装中。

自我提升形象设问

Enhance self-image Q

1.我是否认为我能够成为比尔·盖茨?

2.我是否喜欢学习超级成功人物的另类装束?

3.我是否能够改变整个社会的观念?

4.我是否相信形象真的那么重要?

5.我有没有见到形象和身份极其不符的人，我如何看待他们?

第 5 节　这是一个两分钟的世界——第一印象

这是一个两分钟的世界，你只有一分钟展示给人们你是谁，另一分钟让他们喜欢你。

——罗伯特 · 庞德（英国形象设计师）

只有留给人们好的第一印象，你才能开始第二步。

——海罗德（勃依斯公司总裁）

失败是每天都在重复地犯几个相同错误的结果。

查理·许在加拿大某移民律师行工作。1998 年，被委派回国寻找合作伙伴。经人介绍，他与中国某部下属的赵总首次相会。查理被引进赵总的办公室，看见一个中年男人坐在办公桌后打电话。他穿着灰棕色的、人造纤维的格子西服，一条花亮的领带露在他V形口的毛衣外面，鼻子里的黑毛像茂盛的亚热带草丛，毫无顾忌地伸出鼻孔，他张口讲话时，一口黑黄的牙齿暴露无遗。电话中，他大声地训斥着对方，然后，毫不客气地猛然摔下电话。

“噢！上帝啊，这就是公司的老总？”查理心中不免非常失望。赵总与查理象征性地握了手。“冷酷的、拒人千里之外的死鱼式的握手。”查理心中的失望又增加了一分。赵总邀请查理共进午餐，在座的还有查理的那位身材略胖的同事以及赵总的两位副手。就餐时话题无意间进入饮食与肥胖的关系，赵总旁若无人地指责胖人没有节制的饮食。查理的胖同事低头不语，敏感的查理举杯转移话题：“好酒，中国的红酒比加拿大的冰酒还有味道。”赵总喝完了酒，再度捡起肥胖的话题，强烈地攻击胖人之所以胖是由于懒惰。

最终，他们之间没有结成商业同盟。查理谈到这段经历时说：“他留给我一个永不可磨灭的可怕的恶劣印象。从我一进门的瞬间，他那张冷酷不带微笑的脸和那双死鱼般的手，无不在告诉我这是一个冷酷的、没有修养的人。在餐桌上的表现，更进一步证明了我对他的第一印象。他不但没有修养，简直是没有教养，不懂得一点点为人的基本礼貌。我无法想象与这种人合作经营会有什么样的后果！我更无法理解他为什么可以坐在公司老总的位置上，他早就应该在大浪淘沙中被时代淘汰。”

心理学家研究发现，人们的第一印象形成是非常短暂的，有人认为是见面的前 40 秒，有人甚至认为是前两秒，在一眨眼的工夫，人们就已经对你盖棺定论了。有时就是这几秒钟会决定一个人的命运。因为在生活节奏紧张的现代化社会，很少有人会愿意花更多时间去深入了解、旁观再证人们总是由于对第一印象的信任，而宁肯忽视后来的印象。

一个留给他不美好的第一印象的人。在心理学上第一印象被称为“首要效应”，无论它是正确还是错误的，大部分人都依赖于第一印象的信息，而这个第一印象的形成对于此后的决定起着非常大的作用。毫不夸张地说，第一印象就是效率，就是经济效益。它比第二次、第三次的印象和日后的了解更重要。第一印象的好与坏几乎可以决定人们是否能够继续交往。美国勃依斯公司总裁海罗德说：“大部分人没有时间去了解你，所以他们对你的第一印象是非常重要的。如果你给人的第一印象好，你才有可能开始第二步，如果你留下一个不良的第一印象，很多情况下，我们会相信第一印象基本上准确无误。对于寻求商机的人，一个糟糕的第一印象，就失去了潜在的合作机会，这种案例数不胜数。你必须花费更多的时间才能够抹去糟糕的第一印象。”

良好的第一印象是一把在首次相见中能够打开机遇大门的钥匙，英国伦敦大学学院（UCL）一位系主任在谈到一位讲师时说：“从她一进门，我就感到她是我所渴望的人。她身上散发着某种精神，被她那庄重的外表衬托得越发迷人。因为只有一个有高度素养、可信、正直、勤奋的人才有这样的光芒。30分钟之后，我就让她第二天来系里报到。她没有让我失望，至今她是最优秀的讲师。”这个激烈角逐的位置就这样由于一个迷人的第一印象落到了这位中国女博士的手中。

尽管有时第一印象并不完全准确，但是正如中国的俗语：“先入为主”。第一印象的建立如同在一张白纸上用墨水笔写字，写下了就难以再抹去。不管人们愿意与否，第一印象总会在以后的决策时，在人的感觉和理性的分析中起着主导作用。英国某IT公司的项目经理面试了乔安娜·林，由于乔安娜在面试中出色的表现，公司决定雇她，而且付给她相当可观的薪水。但进公司之后，项目经理逐渐发现乔安娜不适合编程工作。但由于经理欣赏她那出色的自我展示能力，反而让她转向适合她性格的市场工作。

人们总是由于对第一印象的信任，而宁肯忽视后来的印象。现在巴林银行工作的中国女博士南希由于穿着朴素，自我展示的能力平凡，在面试时，她的能力被低估和忽视。尽管她出色的计算机能力使她被公司雇用，但她留下的那个普通、平凡的第一印象，却成为日后事业发展的障碍，这让上司也感到遗憾。他说:“她看起来像个再普通不过的女人，但进公司后，她的专业能力是超乎我们想象的。不幸的是由于进来时的位置太低了，我们只能在那个基础上为她加薪。”

由于美好的第一印象，生活会为我们敞开机遇的大门。硕士研究生还未毕业的苏珊在一次学术会议中遇到了加拿大某咨询公司老总，苏珊那高度职业化的自我展示能力和流利的英语，使这位政治家出身的来自蒙特利尔的公司老总立刻当场拍板雇用了苏珊，而且还付给苏珊博士生待遇的工资。20 世纪 90 年代初，在经济大萧条的北美，苏珊运用自己留下的“第一印象”的金钥匙，打开了在北美的事业大门。

糟糕的第一印象能够让千辛万苦的努力化为幻影。投资商李先生与潜在的项目合伙人包先生在北京相见。李先生在与包先生见面 20 多钟后，就做出了不给包先生投资的决定。李先生形容包先生 :“他的外表一看就让人知道他没有他所吹嘘的那种商业经验，首次见面连西装都不穿，他无法让我相信这个项目的前景是那么宏伟。”而包先生对李先生的印象却是另一种评价 :“他一看就是个精明的、有城府的成功商人，他做这件事，我就充满信心，我们一定能成功。从头到尾 20 分钟，他没说几句话，就明白了我项目的全部内容。”遗憾的是，至今，包先生还在为自己的项目寻找投资人。

尽管我们理直气壮地讲 :“不要以书的封面来判断其内容。”但是不可否认，全世界范围内人人都在这么做，包括我们自己。别人在根据我们的外表和举动判断我们所包含的内容 ; 我们也通过观察别人的外表，包括长相、身材、服装、言语、声调、动作等等来判断他们。

我们是如何进行这样的判断呢？美国心理学家奥伯特 · 麦拉比安发现人的印象形成是这样分配的 : 55% 取决于你的外表，包括服装、个人面貌、体形、发色等 ; 38% 是如何自我表现，包括你的语气、语调、声音、手势、站姿、动作、坐姿等等 ; 只有 7% 才是你所讲的真正内容。

糟糕的第一印象能够让千辛万苦的努力化为幻影。

心理学家还发现，当我们走进一个陌生的环境，人们立刻靠直觉给你做出至少十条总结：你的经济条件、教育背景、社会背景、你的精明老练度、你的可信度、婚姻与否、家庭出身背景、成功的可能性、年龄、艺术修养、健康状态等等。我们常听人讲："一看他就知道他是一个什么样的人。"这就是第一印象。这所谓"一看"，无非只有几秒钟时间，而这几秒钟就可以让人们判断你的生活历史，预期你的未来发展。

第一印象在人的社会活动中起着太大的作用，但常常被人们忽视，如果你不想丢失任何成功的机会，别忘记第一印象的作用。记住，人们普遍喜欢那些穿着得体，为人热情、友好、宽厚、祥和的人，而厌恶那些穿着破衣烂衫，表现得缺乏修养、尖刻、好战、征服欲望强烈、自私自利的人。

英格丽建议：

1.与人初次相识，要穿着得体、整齐，你的外表就代表了你。这首先是对自己的尊重，然后才是对别人的尊重。

2.面带微笑，表示友好、热情。

3.保持与别人的目光接触，表示你的专注和对别人的重视。

4.要有力紧握别人的手，一定不要用"死鱼"方式握手。

5.用自己的身体语言展示出自信的态度，保持自己的仪态，保持上身挺立。

6.把你的注意力给予别人，做一个专注的"听众"，不要夸夸其谈、自吹自擂，要考虑到别人正在观察你。

第一印象总会在以后的决策时，在人的感觉和理性的分析中起着主导作用。

自我提升形象设问

Enhance self-image Q

1. 我是否遇到过留给我糟糕第一印象的人？
2. 他们的什么行为使得我对他们反感？
3. 我是否考虑过自己有没有这些行为？
4. 我常常会在第一次见面时就给别人下定义吗？
5. 我在根据什么判断别人？
6. 我懂得第一印象是如何形成的吗？
7. 我是否重视每一个第一次见面的机会？

第 6 节　人人想看起来像中上层社会的人

中上层阶级，一个有钱、有趣味、喜欢游戏人生的阶级。所有比这个阶层低的阶级，都渴望成为中上层阶级。

——保罗 · 福塞尔（美国作家）

你应该像个公爵夫人那样思考，像个公爵夫人那样行事，像个公爵夫人那样说话——粗俗的语言只能够使你待在贫民区。

——电影《窈窕淑女》

人们本能地以外表来判断、衡量一个人的出身和地位。

2002年9月英国BBC电视台播放了一个蓝领家庭出身的职业妇女自我改造的故事。

在一次辩论会上以“成功”论题获胜后，简妮开始收到请柬去各个中上层社会活动中演讲。从小就梦想生活在中上层阶级和成功者的生活圈中的简妮，终于成功地挤入这个社会阶层。但是，简妮却找不到期望的愉快感受。并不是由于那个阶层不接受她，而是她处处感到自己与那个阶层人的不同。她没有他们得体、自如的举止，也没有他们有品位的风格和情调。在这个阶层的社交活动中，她感到自己就如同是一个星外来客。晚会上，别人穿着袒胸露背、高雅的晚礼服，她却穿着严肃的、裹得紧紧的职业女装；别人优雅地举着红酒杯一点点地品酒，她却按蓝领习惯扬起脖子举杯一饮而尽；别人矜持含蓄地微笑，她却毫不掩饰自己，抖动着身体豪爽地大笑；别人用悦耳的嗓音和地道的西区伦敦口音讲话，她一张口却是刺耳的东区蓝领口音；别人谈皇家歌剧院最新上演的歌剧，她只知道流行歌手“辣妹”；别人谈论高尔夫巨星老虎伍兹最近的业绩，她只知道足球明星贝克·汉姆……

在上层社会的经历，让简妮感到了前所未有的不足，打击了她的自信和成功观。简妮决定进行一次彻底的自我改造。在由BBC电视台资助的一个为期4个月的强化训练计划中，她要把自己变成一个地道的中上层社会的人。她开始学习中上层阶级的举止，从餐桌上的礼仪，走路的步伐，入门的仪态，交流中的手势，甚至包括举杯的姿势；她走进了世界闻名的邦德街购买中上层阶级的服装；她被送到声音教练那里学习腹腔发音，去掉了一般女人所具有的尖刺高频声调；她学会讲标准英语，改掉自己的伦敦东区蓝领口音；她的一头富有波西米亚风格的头发被发型师重新设计；她去歌剧院参观歌剧排练、了解歌剧知识；她观看马球比赛，学习中上层社会的体育运动和方式。

4个月之后，新的简妮举手投足间都散发着优雅、迷人的气息，她非常轻松、愉快地重新走进了原先的社交圈。当记者让陌生人对她的背景进行描述、判断时，人们一致认为她是一个成功、自信、具有安全感的出身于中上层社会的女性。简妮感叹地总结自己的内心："我感到我真正的变化在于掌握了这方面的知识之后，我不再窘迫，不再缺乏安全感。人们不再认为我是一个蓝领出身的人而原谅我的举止和穿戴，我不再怀疑他们那种友好和热情的背后可能带着轻视。他们的生活并不是高不可攀。"

为美国财富排名前几位的跨国公司提供咨询服务的美国形象设计大师乔恩·毛利先生，曾就中上层阶级和中下层阶级着装能引起什么样的待遇和人们如何看待这两个阶级中的人的成功率做了上千人的实验调查。

（1）他调查了1632个人，让人们看同一个人的两张照片，他宣称这是一对孪生子。一个穿着代表中上层阶级的卡其色风衣，一个穿着代表中下层收入者的黑色风衣。结果87%的人认为穿卡其色风衣的人是个成功者。

（2）他让100个25岁左右的出身于美国中部中产阶级的年轻大学毕业生，50个穿着像中上层背景，50个穿着像中下层出身，把他们送到100个办公室，声称是新来的公司助理，去检验秘书对他们的合作态度。让这些年轻人给秘书下达"小姐，请把这些文件给我找出来，我在××先生处"的指示，然后扭头就走，不给秘书回答的机会。其结果发现，只有12个穿中下层服装的人得到了文件，而42个穿得像中上层背景的年轻人得到了文件。显然，秘书们更听从那些穿中上层阶级服装的年轻人的指令，并与他们配合。

他的调查结果证明，人们本能地以外表来判断、衡量一个人的出身和地位，而由这个出身决定了人们对你的态度。毫无疑问，上面的实验中秘书们对服装本身并没有指点，但服装标志了穿衣人所代表的阶层，这个标志影响着他在社会上进行交往时留给别人的可信度、别人对他的态度和在需要与人配合时的效率。

对中下层阶级的看法，使人人不想与那些没有良好教养的人合作。亚里士多德认为贫民阶级"狡诈"，富人"暴戾"，他们都对国家有害。而中人们通常相信人的家庭出身和社会背景影响着一个人的行为、世界观和胸怀。

产阶级不会为富不仁，也不会觊觎他人之物，是最可靠安稳的阶层，因而，中产阶级自古以来就受到人们的拥护和尊敬。虽然这种观点仿佛已经与现代社会的民主、自由、平等格格不入，甚至是荒谬，以至于无论在西方还是在中国，很少有人胆敢公开宣扬这种“等级”观点。但是，如果我们真的相信，在人们的意识深处已经消灭了不平等的等级观念，我们却不免有些太天真了。虽然出身和背景并不能够由我们自己决定，但是，我们的人生和事业发展过程，实际上是在不断地超越自己的社会等级，而这种超越需要改造原来等级遗留下来的不受人尊敬的一些习性和文化。

房地产商李先生曾有心投资高科技事业，与一位中关村的计算机天才会面。这位天才在讲演了自己的网络前景后，要求投资 1000 万，李先生在讲到这段经历时说：“他身穿着廉价西服，穿着毛衣，打着领带，一双沾着灰尘的破皮鞋和不清洁而发黄的牙，那至少一周没有清洗的稻草般的头发，还有那狡诈的眼光，一切都告诉我他来自于一个没有良好教养的家庭。他可能心胸狭隘，没有理性商业思维，他渴望一笔交易就致富，可能带有极大的欺骗性，网络时代带给他的是疯狂和投机，这种人在商业合作中的行为是难以预测的。”

另外一位从事金融培训的朋友讲到他的某位同事：“他平时的穿着和为人都表明他是在一个艰难而没有爱的环境中成长的。他贪婪、急功近利、贪图眼前利益，不惜以牺牲别人为代价，他心胸狭隘，不能容人。”

伦敦弗莱明证券的杰森·丁尽一切可能模仿西区伦敦人的穿着和举止，因为他的职业是做最需要让人信任的工作——股票。客户们无一不以外表来判断股票经济人的背景。杰森总结自己的经验：“我的一举一动都努力做到像一个西区的伦敦人，以至于一位英国人曾问我：‘你的祖辈是否在上海做金融？’我的客户大部分是中产阶级，他们更相信传统老财主们（old money）。”在英国，人们也以地区的口音辨别人的出身背景，带有浓厚东区伦敦口音的人被认为蓝领出身而微妙地遭到人们的另眼，而西区口音则被认为有良好的家庭背景，易于得到人们的尊重。

减肥，中上层阶级注重形体，排斥肥胖。

多伦多的律师阿兰·叶说：“一个低收入家庭出身的人可能不在乎他的律师的出身。而我的客户们大多是中国的有产阶级，他们在乎自己交往的人的出身背景。我穿衣的目的为了向他们显示：看，我和你生活在一个阶层，我能代表你的利益，请相信我！”

尽管电影、电视为我们展示了多少催人泪下的、挑战出身论的爱情片，豪门与贫民出身的男女最终能够幸福地结合。但是，“阶层论”在现实中是人类一个难以逾越的心理障碍。心理学家认为人们通常相信人的家庭出身和社会背景影响着一个人的行为、世界观和胸怀。来自贫寒家境的人在小时候就不能学到在中上层家庭的行为和礼仪；小时候没有家庭支持和没有得到温暖感情的人，会感到物质和情感都需要拼命地争取才能得到，他们可能有强烈的防范心理，内心缺乏安全感和自信。他们可能会敏感，善于保护自己，难以产生同情心，难以替别人着想，但他可能被成就欲望所驱动，会工作勤奋、严于律己。而成长于宽松、经济有保障的家庭的孩子，会对生活中一切都容易满足。他们易于按社会的标准行事，会表现得自信，有安全感、善良、大方、宽容、开通、缺乏野心，因而易于与人合作。他们看待世界人生的眼光与贫困中长大的孩子不同。

在中国古代对官吏的考核中，就把人的社会背景和阶级地位作为考核的重要内容。如“传子制”和“九品制”中，出身门第起着重要的作用，魏晋南北朝的“九品制”主要考核家庭的门第，因而豪门子弟仕途坦捷，而出身寒门庶族的人的发展就受到限制。这也说明古今中外，人的社会背景对事业及外在形象起着重要作用，其主要原因是人们相信，出身于宽松环境中的人有良好的修养，易于让人们预测他们的行为。虽然这并不是完全的真理，但我们又如何能改变这个没有国界的、生存于人类血脉中的观念呢?

生活品位：这是最难以培养的习惯，需要一个长期的计划。

英格丽建议：

1.先从着装入手，穿中上层阶级常穿的服装。

着装的原则：

（1）只买那些高质量的服装。

（2）要避免色彩刺眼的低品位的、不和谐的搭配，中上层阶级着装讲究含蓄和品位。

2.举止原则和言谈：

（1）沉着、稳重、镇定、优雅。

（2）不要举止粗莽、仓皇。

3.生活品位：这是最难以培养的习惯，需要一个长期的计划。好品位不是一夜之间产生出来的，有钱买不来品位，要培养中上层的生活情调。

自我提升形象设问

Enhance self-image Q

1.我是否相信每个人的出身影响了他们的生活态度和思维方式？

2.我是否会根据一个人对服装的品位来判断他们的出身？

3.一个着装得体的人和一个着装邋遢的人，让我联想到什么？

4.我是否由此评判他们的背景？

5.我是否会由此而产生微妙的歧视？

6.我有没有考虑过服装的品位如何影响别人对我的看法？

7.我的家庭如何影响了我？

第 7 节　你对我热情，我就喜欢你！——热情是个人中心品质的魅力

热情是能量，没有热情，任何伟大的事情都不能完成。

——爱默生

世界上的一切，都在上帝的统治之下，都在热忱的年轻人的手上。

——特郎布尔博士（美国政治家）

人们用三个概念描述成功的领导者——性格、能力、形象。

——尼克森教授（伦敦商院领导心理学家）

热情能带来幸运，因为人们都喜爱热情的人，对他们也宽容，容易满足他们的要求。

1946年，美国心理学家所罗门·阿希做了一个心理学史上著名的实验，被称为“热情的中心性品质”实验。

他列出有关人格的六项品质，包括：聪明、熟练、勤奋、热情、实干和谨慎，给一组被试者。同时，他给另一组被试者几乎同样的六项品质，不同的仅仅是把“热情”换成了“冷漠”。要求两组被试者对表中的人作一次详细的人格评定，阿希教授让被试者说明，表中的人可能或他们希望这两组具有几乎相同品性的人具有什么样的其他品质。

答案出来了，仅仅一个“热情”与“冷漠”区别，具有“热情”品质的人，受到了被试者的衷心喜爱，人们慷慨地用各种优秀的品质描述他。而那个“冷漠”代替了“热情”品质的人，遭到了人们的敌意和仇恨，被试者把各种恶劣的品质统统都罗列在他的“冷漠”品质之下。

这项实验证明，在人类的品质描述中，热情和冷漠成为人类品质的中心，它决定了一些其他相连的品质的有与无，它包含了更多有关个人的内容。因而，热情——冷漠被称为是中心性品质。

一个人是否热情，决定了我们是否喜欢他、亲近他、接受他，热情的品质影响着一个人生活的每一个方面。“热情”是一个优秀形象所具备的基本品质，一个人表现的是热情还是冷漠，决定了他在社交场上被人喜爱还是排斥。一个人最让人无法抗拒的魅力就在于他的热情，我们仔细地回想一下我们身边热情的人，就不难理解热情在社交和工作中有着强烈的感染人和吸引人的力量。

心理学家认为，热情的人之所以被人们喜欢是因为热情的品质包含了更多的个人内容，它让人们联想到与之相关的其他优良品质和特性，这正是“光环效应”的反映。一旦我们被热情所吸引，我们就会认为热情的人真诚、积极、乐观。热情感染着我们的情绪，带给我们美妙的心境，让我们感到愉快和兴奋。热情能带来幸运，因为人们都喜爱热情的人，对他们也宽容，容易满足他们的要求。正因为热情的感染和蛊惑力，政治家们不惜一切代价，用充满了激情的语言、表现出旺盛精力的姿态、热情洋溢的面部表情、生动的身体语言等等来表现自己的热情，来赢得选民的喜爱。性情活泼、热情的政治家，轻易就博得选民的喜爱，丘吉尔、肯尼迪、里根、克林顿、托尼·布莱尔等等这些 20 世纪的领袖，无不具备热情的品质。

英国首相托尼·布莱尔与反对党的领袖的最大区别之一，就表现在他能够展示出来的热情上。除了在煽动攻打伊拉克的发言上，托尼都会笑容满面，他走路的姿势告诉人们他旺盛的精力，他演讲时语言铿锵有力，手势挥动不停（尽管有时过分得让人眼花缭乱）。他的一切表现都展现了他比反对党的前两位领袖热情洋溢，尽管他的政治主张越来越遭到中产阶级的痛恨，但是他的性格却受到人们的普遍喜爱。

热情还是冷漠，或许能够在关键的时刻成为我们的砝码。莎拉·安和安吉拉·王是加拿大某电讯公司的两个中国女工程师。她们同一年进入公司，都有着硕士文凭，像大多数海外中国职员一样，她们有着勤恳的敬业精神，都共同参加公司的同样项目，在业务上的表现不相上下。在公司业务高涨的 1999 年，莎拉被提拔做了项目经理，而安吉拉则一直在工程师的位置上，成为莎拉的下属。到了 2001 年，公司大批裁员，安吉拉作为首批被裁人员，离开了工作了五年的公司。

什么使她们两人的前途如此不同呢？负责解雇安吉拉的香港老板认为："安吉拉冷淡而又不合群的个性，会使我们感到少了她我们并没缺少什么。而莎拉是个乐观热情的人，她坚强、果断又聪明，她散发的热情能感染每一个人，她的活力能让人人都喜欢她，她是一个天生的社交家和领导者。"

热情能够融化人之间无形的障碍，缩短心理的距离，消除不同生活经历带来的界限。居住海外十五年、由美国归来的生物学博士蒂芬妮与一位小餐馆的东北老板娘成了挚友。那一天，蒂芬妮刚从医院做了个小小的手术，虚弱的蒂芬妮偶然跨入一个不起眼的小餐馆，老板娘不可抗拒的热情和无微不至的关怀深深地打动了她。蒂芬妮感到："她那灿烂的笑容和爽快的声音，像是严冬后初春里的第一束阳光，让我由衷感到温暖和愉快。”

在美国美林证券工作的台湾人泰德·秦在公司的几次裁员中一直留着助手彼德·阿瑟，就是因为彼德是个少有的热情而又不遵守纪律的英国人。泰德说：“虽然他有时不能严于律己，但是在我们高度的紧张工作中，他热情的笑脸，诙谐幽默的声音，是我们最好的放松理疗，我感到心灵和大脑能振奋起来。”彼德的热情还表现在他善于外交、助人为乐、乐观的生活态度、非常善于表现的外向性格，他能够用性格的魅力轻而易举地解决一些别人不容易解决的部门之间的问题。因而，他被认为是交易层上最受欢迎的人。虽然仅仅见过他一面，他还迟到了半个小时，但是，他就让英格丽理解了为什么泰德总是要原谅这个不守纪律的人，那一次见面，他热情、欢快的性格让在座的五六个人就没有停止过笑声。

热情不仅有助于你在事业中的形象，还能让你体验生活中的美妙情节。在这一点上，英格丽体验最深。有一次，她与三位朋友去法国南部度假。南部法国人的热情也感染了他们这些一贯含蓄的中国人，在尼斯城的一家酒吧，她极其热情地用蹩脚的法语及手势，与一群退休的法国老人欢笑一堂。虽然他们的交流受到了语言的限制，但她用背下的法语唱起《卡门》中的“哈巴涅舞”，酒吧里所有的人随着她又唱又跳，酒吧老板拿出香槟酒，为中国人能唱法语歌剧而干杯。老板不但没收他们的钱，走时还热烈地亲吻、拥抱，并留下地址，要用写信的方式教她法语，请他们再回来。法国人的热情和他们阳光灿烂的气候一样感人，那是一个极其欢乐而难忘的下午！

去过法国、意大利和希腊旅游的人，都会对这几个国家的人充满好感，因为他们的热情和欢快会让你感到生活在五彩的光芒之下，一切烦恼和悲伤都会像魔鬼一样在灿烂的阳光下消失了。吸引世界各地的人们前往法国、意大利旅游的原因不仅仅是欣赏前人留下来的不朽的艺术，而且也是为了去体验法国、意大利人的热情和欢乐的人文风情。

热情像一股神奇的魅力弥散在周围，感染着四周的人们，并且把他们吸引在热情的主人身旁。它让人们感到精神力量瞬间倍增，好像我们什么奇迹都可以创造。如果你多多留心观察身边的人，那些幸福的人都是充满热情、愉快、笑口常开，他们性格开朗，热爱帮助人，因而他们无论到哪里都受到欢迎。而冷漠的人呢？他们真正的不幸并不仅仅是没有对人们的吸引力，而是排斥了自己生活中的机遇，关闭了幸运的大门。

一位广告业的朋友在谈到自己雇人的原则时说："第一是看他是否有热情和外向的性格，如果没有一个让人愉快的性格，他即使有才华，也会把我的客户都吓得逃之夭夭。"他讲了自己近期辞退的一位性格冷淡的设计师："看到她我就感到心中像被一块石头压住，我相信她在吞蚀我积极的能量，我常常会感到乌云和阴郁笼罩着我的心情，像是一种不幸在走近我。"在英格丽的客户和朋友中，由于员工的冷淡性情而解雇他们的例子越来越多了，只是这些具有高度情商的老板们寻找了一个得体的借口，把让他们感到压抑和沉闷的人排斥到远方，而被解雇的人至今还都蒙在鼓里。

一位中国一流大学的培训中心主任以为了自己的助理的前途为由，把这个对外界表现得冷漠的部下调离了自己的部门。她甚至感到："我宁肯一个助理都不要，也不要看到那种阴郁的脸。"英国某银行的主任经理用尽了心思，无法找出那个性情漠然的下属工作上的错误，他终于在 2003 年银行大批裁减人员时，把这个仅仅生活在自己的内心世界的雇员清除出去了。

热情的人总是面对朝阳，远离黑暗。因而，他们不仅性格光辉灿烂，而且命运也是铺满阳光，即使是危难之时，他们也总是转危为安。因为不仅命运之神青睐他们，人们也愿意把友谊奉送给感染自己的人，热情像是真善美的使者，热情的人就像一只吉祥的鸟儿，传递给人间幸运的福音。

热情的源泉来自对生活的热爱和信赖，它可以通过各种方式表现出来。只要我们用积极和宽容的态度对待生活，由衷地欣赏、热爱并赞美我们所见到的每一个人和每一件事，我们周围的人就能体会到我们的热情。热情为成功的形象增加魅力的光环。

一个人是否热情，决定了我们是否喜欢他、接近他、接受他。

英格丽建议：

1.问你的朋友，你的性格是否热情。

2.用具有感染力的语气讲话。

3.由衷地热爱生活，心中满怀“爱”和“诚”。

4.宽待别人，赞赏别人，帮助别人。

5.面带笑容。

6.记住陌生人的名字。

7.首次见面，握手要有力。

自我提升形象设问

Enhance self-image Q

1.实际生活中，我的热情的朋友是谁？我是否喜欢他们？为什么？

2.和一个冷漠的人首次见面我会有什么感受？我还渴望再见到他们吗？

3.我倾向于和什么样性格的朋友交往？为什么？

4.性格热情的人真的是那么好吗？

5.什么样性格的人让我一见面就反感？

6.我怎样判断一个人是热情还是冷漠？

7.我怎样才能够展示自己的热情？

8.我是否经常记得住别人的名字？如果不记得的时候，我会怎么做？

服 饰 篇

你 的 形 象 价 值 百 万

第 8 节　不修边幅的人在社会上是没有影响的——你就是你所穿的

服装建造一个人，不修边幅的人在社会上是没有影响的。

——马克 · 吐温

服装是视觉工具，你能用它达到你的目的，你的整体展示——服装、身体、面部、态度为你打开凯旋之门，你的出现向世界传递你的权威、可信度、可被喜爱度。

——罗伯特 · 庞特（美国形象设计大师）

无论你做什么，保持你的外表。

——查尔斯 · 迪更生

那些穿着不合身的化纤西服、陈旧的衬衣和耀眼的领带的人，没有机会走到公司的高层。

——乔恩 · 莫利（形象设计大师）

服装在无声地帮助你交流、沟通，传递你的信息。

英国人保罗·爱尔顿是英格丽的朋友。保罗曾经是花旗银行出色的交易员，在很年轻时依靠杰出的股市交易才华就挣足了万贯家业。从此，保罗就过着那种游手好闲、悠然自得的职业旅游家的生活。他曾对形象影响着人的事业和人际关系的观念嗤之以鼻，他对英格丽说："你这一套形象设计的理念如同我父亲教训我的一样，都是无法让我接受的。它在鼓励人们的虚荣心，满足那些缺乏自信心的人的需要。我相信人们还没有愚昧到以服装衡量人的地步。我有钱，但我不会穿上千镑的西服。因为对我而言，一百镑的西服与一千镑的西服的功能是一样的。我有足够的自信，我穿着什么样的服装都不会影响我的心态。我为什么把钱花费在对我没有意义的外表上？人们若以我的劣质西服来判定我的人格，那是他们的愚蠢，我们也就没什么潜在的关系可以继续发展。我认为中国人对外表的虚荣心已经大于英国人！"

自信的保罗终于在2002年的6月改变了他原有的观念，他要求英格丽为他做出新的形象设计。原来，保罗厌倦了无所事事的生活，凭借自己在金融业的经验，他打算建立一个以日本股市为重点的对冲基金。但是在与美林、高胜、花旗银行的几次会晤中，项目毫无进展。每次会晤，他都有种莫名其妙地被低估的感觉，以至于无比自信的他都要怀疑自己的能力，他甚至开始对自己失去信心了！保罗终于承认："他们的眼神让我感到了他们对我的不信任，好像在说：'我们怎么能把上千万英镑钱交给这个穿着过时的西服和戴着电子表的小子呢？'"

保罗因为对形象理念的重新认识而做了英格丽的客户。在进行了一整天的服装咨询中，他至少80%的衣服被扔进了垃圾堆，英格丽仍然认为自己已经"心慈手软，手下留情"了，一切以"精而少"为原则，重新建立起的衣柜展示了保罗作为一个银行家的面貌，穿着新配制的服装，狮子座的保罗又找到了属于自己的自信，他洋洋得意地说："现在我看到，自己已经是一个基金经理了！"

在改变了形象之后，他陪同年近九十的父亲乘游轮在地中海度假，让我们的着装影响着外界对待我们的态度。

保罗高兴的是，在游轮上的陌生人称赞他新配置的热尼亚西服："很棒的西服！"保罗感慨地承认："服装确实造就一个人，它们真的非常有区别！"热情的保罗已经变成了"改造自我形象"的推广人，他用英格丽对自己的形象设计的条例和方案，强力推荐自己认为形象不达标的朋友去进行形象改造。与绝大多数英国人不同，慷慨的保罗还愿意在中国做个反面教材，以亲身体验来传授服装在事业中的重要作用。

西方有句俗语："你就是你所穿的！（You are what you wear！）"这也是人类无法改变的天性。在远古时代服装最基本的功能是御寒，遮裸是它作为文明的标志。在有了阶级的社会里，尤其在现代社会，它的最大功能是自我展示和表现成就的工具。这也是为什么很多成功人士不惜花费大量的时间和金钱选择那些能让他们展现出最好风姿和成就的服装。服装在无声地帮助你交流、沟通、传递你的信息，告诉人们你的社会地位、个性、职业、收入、教养、品位、发展前途等等。

在美国的一次形象设计的调查中，76%的人根据外表判断人，60%的人认为外表和服装反映了一个人的社会地位。毫无疑问，服装在视觉上传递你所属的社会阶层的信息，它也能够帮助人们建立自己的社会地位。在大部分社交场所，你要看起来就属于这个阶层的人，就必须穿得像这个阶层的人。正因如此，很多豪华高贵的国际品牌的服装，虽然价格高得惊人，却不乏出手不眨眼的消费者。人们把优质的服装与优秀的人、不菲的收入、高贵的社会身份、一定的权威、高雅的文化品位等相关联，穿着出色、昂贵、高级质地的服装就意味着事业上有卓越的成就。

我们不妨想一想自己身边的人，那些穿着不凡而出众的人，也自然会让我们另眼相看。而对于那些衣衫不整的人，我们会低估他们的能力和品位。服装在事业上的作用不但不可忽略，而且相当重要。无论选择雇员还是提升职员，如果面临着竞争，我们可能更容易倾向于那个穿着出色者，庄重而有品位的着装能够赢得我们的信任。

穿着像个成功的人，就能让你在各种场所得到尊敬和善待。

魅力领导的出众条件之一是他们具有格调的穿着，服装是造就一位魅力领导和成功者一个不可忽视的关键。肯尼迪的杰出而又英俊的外表，被当时的《纽约时报》认为“他设立了时尚的标准”，“他创造了美国人心目中英俊的形象”。服装设计师利丽达舍评价他的风格：有着“意大利的品位、大不列颠的冷静、美利坚的风格”，“我们的总统有着如此完美的内外结合”。

中国某投资银行的老总在谈到服装的重要性时对英格丽讲：“当我要裁人时，我就先从穿着最差的人开始。”这位老总是以自己的亲身体验认识到服装对事业的影响。20 世纪 90 年代初他曾在意大利作为中资的负责人，与意大利金融界人士交往，但每次都感到别人对自己的奇异眼光。直到有一位直率、热忱的意大利朋友告诉他：“你的服装、领带、皮鞋、手表都没有告诉我们你属于金融界。”他感到羞愧万分，这并不仅仅是为了自己的无知，而是他深深地感到自己没能最完美地展现自己所代表的国家和银行。民族自尊心受到了强烈刺激的他，开始了一场彻底地改头换面的“再生”。他请意大利的各方朋友帮他提高对时尚及服装的认识，最后请意大利的形象顾问为他全面设计，从此他再也不为自己的穿戴而焦虑。这位老总在香港任职期间，设立了严格的着装条例。他甚至要求职员只有在自己的办公桌前才能够脱掉西服上装。一旦离开自己的桌子时，必须穿着西服的上装，以展示银行庄重、稳固、传统、可信的形象。他是英格丽在中国见到的对形象设计概念最精通的人。

1972 年，世界著名心理学家及讲演培训专家凯利教授发现，在高中女孩子的友谊中，穿衣是最重要的，其次才是个性，再次才是共同的兴趣。因而，他发现服装是强烈、显著的信号，它向社会提供有关我们的一切信息；服装也是有利的沟通工具，它用非语言的表达方式让我们顺利地与人交往。美国形象大师乔恩·莫利经过 26 年对服装的研究，得到了一个关于服装的最简单的结论，那就是“我们的着装影响着外界对待我们的态度”。通过实地实验，在各种不同场所用衣服做道具，他发现不同的服装能让我西服过大、过小、过短、过长都会让穿衣者看起来像是西服以外的异来之物。

们得到不同的待遇。穿着像个成功的人，就能让你在各种场所得到尊敬和善待。因而，他认为在事业中穿着能够帮助你成功，当然，你不在意自己的穿着的话，服装也能够帮助你加速失败的步伐。

着装的成功与否决定了你在各种社交场所得到的待遇是友好还是敌意，即使你是去商店里买东西，得体的装束也能够让你得到良好的服务。但是，服装的这种微妙的功能却常常被人忽视。某代表团在伦敦参观一家美国大银行时，一位代表团成员由于穿着运动衣和旅游鞋，被门卫误认为是混入队伍的难民而拦住，尽管翻译一再解释，但门卫还是未让他进入银行参观。在英美的金融界，即使是一个清洁工，也不能穿着随便地去上班，连银行的门卫都是西装革履，更何况那些高级职员？

一位电视台的记者长期与企业的老板们接触。他在了解了西方的商务形象知识之后，开始对自己的采访对象们进行细致的观察。他发现："绝大多数人不按照国际商业化的标准穿着，即使是在有媒体参与的大型商务活动场所。在一次国产葡萄酒的品酒会上，到会的只有少数几位老板穿着西装，只有他们的出现还能让人相信这是一个红葡萄酒品酒会。大多数到会的葡萄酒厂的大老板们穿着随便，或者胡乱搭配。他们的外表很难让人相信他们是葡萄酒厂的老板。品酒会是非常高雅的社交活动场所，我以为葡萄酒厂老板们的穿着应该不同于白酒厂的老板们。"

服装也在无声地告诉人们是否要信任服装的主人。在美国负责替法庭选陪审团的专家米理修斯·福斯特曾做了个调查，他发现陪审团员倾向于相信那些着装得体，看起来有教养、有权威、可以让人信任的人。即使是恶魔般的被告人，如果能展示给陪审团员一个可信的形象，他甚至会被认为是无罪的。因而律师们不但自己努力利用穿着以赢取法官和陪审团的信任，也劝说被告和证人以可信的形象出庭。在调查中发现，深蓝色西服、白衬衣被认为是最可信的搭配。深蓝色西服与白衬衣的结合是"放之四海而皆准"、走遍世界不出错的商业标准制服。这也是为什么蓝白色是最常用于企业和公司制服的原因。

服装帮助穿衣者沉着自如、优雅得体地表现，保持在各种场合下镇定自若的心态。

然而，并不是穿着西装革履你就可以步入成功人士的阶层了。西服与西服之间还有着天壤之别，西服的面料、样式、裁剪、色彩、是否合体等等，把两个穿着不同西服的人划入了不同的阶级。美国作家福斯特刻薄地认为：“下层阶级的人西服领子与衬衣领子相距甚远。西服过大、过小、过短、过长都会让穿衣者看起来像是西服以外的异来之物，我们因此断言：他不懂得穿衣之道，他还没有吸纳足够的现代文明。他或许穿着别人的西服。不论如何，他肯定缺乏品位。一个把西服的标签还露在袖口的人，毫无疑问，一定来自一个没有触摸到时代脉搏的山村，他或许是第一次穿着西服步入文明的都市。”

事实上，一件衬衣就足以昭显你的真实面目。衬衣能够用无数种方式让你显露原型，我们只列举其一。西服里面一件属于“酷时尚”的黑色衬衣会告诉我们，它的主人在盲目地追求自己并不知道的东西。当然，他们之中的很多人并不盲目，只是缺乏基本的商业着装的知识而已。我们越来越多地看到男人们让深色的衬衣与深色的西服相结合，更有甚者，穿着黑衬衣，外面套着浅色的西服，让他们看起来如同《教父》中的黑手党一样。这是为什么？很多人把时尚模特的时装当成了自己模仿的目标，但是却忘记了，商业与时尚属于两个不同的世界。

关于如何着装就足以让我们不停地讨论下去，但是，遗憾的是，本书并不是一本成功者的服装大全。让我们把服装的问题留在“英格丽系列”的下一部书中吧！

加拿大第一位形象师凯伦女士认为：“穿着成功不一定保证你成功，但不成功的穿着保证帮助你失败！”一个品牌企业的老板，如果穿着劣质的西服，人们怎么可能相信他的品牌？一个人想让人信服，他本身看起来就应该让人信服。对于那些企业的老板们，若想打造企业的品牌，最好先打造自己的品牌。服装是打造个人品牌的极其重要的手段之一。

优质的服装有强烈的暗示作用，在心理上提示自己的表现将要如同自己的服装一样出色。

英格丽建议：

一、男、女必备的基本商务服装

	女	男	男、女
西服套装	黑、灰	普通蓝、蓝色带细暗纹	深蓝、深灰、灰
长袖衬衣	浅粉 5 件衬衣	细条纹 5~8 件衬衣	白、浅蓝（纯色）
裤子	卡其色		黑、灰、深灰
西服、外套、上衣	黑	深蓝	
鞋	蓝	深棕	黑色，与裙子、裤子同色或类似
腰带	蓝	黑	黑、与皮鞋同色
皮包、手提文件箱			深棕或者黑
领带		绛红色、蓝、深灰，可带白、黄、银黄等简单花纹或者纯色	
手表			表盘薄，皮带或银色、金色金属带
风衣、大衣			卡其色，布或毛与化纤合成

二、穿衣之忌

1.不要紧跟时尚，前卫的时尚主义在商务服装中并不起积极的作用。

2.尤其不要穿得太紧，紧衣服让瘦人看起来憔悴，胖人看起来更胖，西装的尺寸非常重要，过大、过小、过紧、过松的衣服都会破坏一个成功男人的优秀形象。

3.在男人的商务时装中，时装多数表现在领子和扣子上，如果大领子衣服已经过时多年，你还穿就显得不符合时尚。目前国际上流行单排扣西服。

三、衬衣及领带

1.确保衬衣及领带无斑点、渍迹。

2.领带、衬衣要与西服配合，不要胡乱搭配。

3.最安全的衬衣和领带及西服

深色衬衣——深蓝、黑色、深绿、棕色等，大图案、大条纹、花案以及丝衬衣等都不属于商务服装，它们是你成功商业形象的杀手。但在与艺术相关的领域或许无妨，如广告、演艺界。

4.不要穿短袖衬衣与西服相配。

5.衬衣的袖口要长出西服两指。

四、为女人着装

据乔恩·英利二十五年的研究，发现女人喜欢：

1.深重、权威的色彩，如深蓝、深灰。

2.深蓝与绛红的结合，被女人认为有权威，并且可靠。

3.深色西装、浅色衬衣，被女人认为是聪明。

4.鲜红领带被认为性感。

5.女人认为无花纹的衬衣更性感。在休闲服中如果衬衣的颜色比裤子深，会被认为性感。

6.在女人眼中，男人着装的能力与其他的能力是相吻合的。那些身穿搭配合理、体现出品位的服装的男人会被女人认为聪明、有格调。

7.在调查中发现，成功的女性们认为穿着保守、高质量、合身的服装的男人，无论他是胖瘦，都能是性感、诱人的。当然，这意味着这样的服装来自裁剪非常得体、质地非常优良的面料。

五、穿西装的原则

1.面料：西服的面料要100%毛料或至少也要70%的毛料，或毛与丝的合成材料。任何化纤制品都会看起来廉价、劣质。

2.色彩：成功男性的西服一般是深蓝、灰、深灰等中性色彩。有些国内的商业形象设计书把黑色和棕色也列为可选之项，这在国际性商务服装中是错误的。在西方，棕色西服被认为是低品位的表现，黑色西服只能用于婚、葬或作为燕尾服。

3.花纹：男性西服只能是纯色或暗而淡的含蓄的条纹。任何大格、花呢的图案都不会使人产生良好的印象。深蓝色西服加暗条纹被西方认为是强有力的男性西服。

4.单排扣还是双排扣。目前国际上流行的西服是单排扣，双排扣西服更加正规和拘谨。而国内一些商务形象设计的书，却把单排扣列为传统、双排扣列为时尚，这是有违现实的。穿双排扣西服，所有的扣子都要扣上，而单排扣西服，最下面的一颗扣子要敞开。

5.目前世界上流行的西服有三种风格：欧式、美式、英式。

美式：宽松、不贴身、腰部呈筒形，后中开衩。受美国人开放性格和大幅度动作的影响，穿起来显得高大威武，适合于瘦高型身材的人。

欧式：剪裁得体，强调垫肩，肩部方正，后腰尤为得体，它像是亲吻着人的身体，显出男性的肩、胸。双排扣较多，欧式更适合中国人的形体。大方得体，做工精细。

英式：无垫肩或只有一点垫肩，腰部略有形状，有绅士格调和品位，多为单排扣。

6.西装的尺寸非常重要，过大、过小、过紧、过松的衣服都会破坏一个成功男人的优秀形象。

7.穿西装时，后领的合适也极为重要，要防止后领处鼓着大包，在购买西方名牌西装时，衣店会为顾客更改后领。

8.穿正装西装时严禁穿毛衣，在中国普遍的一种现象是穿西服时里面穿毛衣，这是“穿衣之罪”。

自我提升形象设问

Enhance self-image Q

1.当别人穿着黑色、棕色、绿色等颜色的西装出席商业活动，我如何看待他们？我有没有这样的行为？

2.当别人穿着太紧、太肥、太短、太长等不合体的服装，我如何看待他们？我有没有这样的行为？

3.我的衣柜里有没有化纤或合成材料的西装？我是否还在穿它们？

4.我能够看得出服装材料的区别吗？我如何看材料的不同？

5.那些穿着性感的异性和我谈论商业的时候，我会如何看待他们？

第 9 节　服装最大的功能——增加你的自信而不是看起来漂亮

如果你穿得好，看起来漂亮，你的生活不需要目的。

——罗波特 · 庞特（美国形象设计大师）

形象意味着一切。

——安德鲁 · 阿加西（佳能公司的广告语）

优质的服装可以积极地调整穿衣者的态度。

玛利亚·李是一个专业技术过硬，但是有时缺乏自信的电子工程师。她曾经在加拿大国家电视台工作，解决技术难题的能力使她有着“能力小姐”的美称。为了事业的发展，玛利亚前往美国NEC公司应聘，由于缺乏自信，在面试中，表现得紧张、慌乱，她失去了一个渴望的工作机会。不久，她又收到美国索尼公司面试的通知。接受上一次的教训，这一次，她请了自己的朋友英格丽分析失败的原因。

在听完玛利亚讲述面试的经过后，英格丽问：“告诉我，你在面试时最大的恐惧是什么？”玛利亚说：“我感到紧张，我没有自信。”英格丽问：“你几乎能百分百地回答所有的技术问题，你有这种能力！你穿的什么去面试？”玛利亚拿出自己面试时穿的衣服，一件带花边的过时衬衣，一件宽松化纤混纺的黑西服，一条棕色的、肥大的西裤。这身服装让玛利亚看上去像个在北京郊区卖菜的大姐，也难怪她感到没有自信！英格丽说：“这身衣服时时刻刻提醒你，‘我和我的衣服是一样的质量’。穿着这种衣服去面试，纵然你再有自信，也会下意识地表现得神不守舍、缺乏底气。你的技术再好，可你缺乏自信的表现和这套早该淘汰的服装会留给别人很多疑问：‘她是否是个全面素质都优秀的人？她是否只是幸运地答对了所有的问题？她的能力和她的外表为什么不相称？’”

按照英格丽的设计，玛利亚试着穿上了英格丽的一套精心挑选、作为事业投资的深蓝西服套裙。这套由世界著名设计师设计的西服套裙，样式简单流畅，裁剪非常得体，做工精细，毛料质地优厚，颜色沉稳大方，外加一件时尚的优质纯棉白衬衫。穿上这套衣服之后，玛利亚的整个人都在变化，她的胸部挺起来了，腰直了，头抬起来了，眼睛也亮了，面部的神态放射出自信的光芒。她惊叹地说：“上帝啊！我感到前所未有的自信！”

第二天，玛利亚穿着这套服装顺利地拿下了索尼公司的工作。她兴奋地向英格丽汇报：“他们不但给了我工作，还给了我意想不到的工资数。”她的老板在雇用她后说：“从你一进门，你的外表和自信的神态就让我感到你能够胜任，你是我们所期望的人。”从此，那套西服被玛利亚誉为“幸运穿着劣质服装的人，会减少首次面试的成功率。

的蓝西服”，她向英格丽请求，买下那套已经不新的蓝西服，因为那套西服不但为她带来自信，还带来了幸运。但得到的回答是“NO”。五年后，就在这本书即将写完时，在美国的玛利亚又一次要求全价买下那套“幸运之服”(Lucky Dress)。因为,“再也没有找到过能让我如此自信的服装”，然而，这套西服还在伴随着英格丽出现在领导学的讲台上。

在人类文明史上，服装的发展一直带有它的社会功能，它是一个表现工具，一个阶级的象征。1996年，美国里维斯公司为提高公司的利润做了一次统计调查，希望了解消费者穿衣的动机和期望服装带给穿衣者的社会效益。他们惊奇地发现，人们穿衣的最大目的不是为了漂亮和其他，而是为了增加自信。这项调查发现，60%的人认为穿衣是为了增加自信，51%的人是为了“在压力下保持镇静”，49%的人期望自己“看起来理解人、关心人”，41%的人渴望看起来“聪明”，而只有6%的人是为了“看起来漂亮”。

由此可见，大部分人是缺乏自信的。这种自信的缺乏，或者是由于对自己的才能和成就不满，或者是由于对自己的外表不满而造成。由于大部分人不具有模特的标准体形，过高、过矮、过胖、过瘦都影响着我们的自信程度。精心设计的服装，不但可以掩盖这些不足，还可以衬托形体的优势，并在心理上消除由于对外表不满带来的焦虑。而对那些对自我成就不满的缺乏自信者，优质的服装可以积极地调整穿衣者的态度，增加穿衣者的社会成就感，它有强烈的暗示作用，在心理上提示自己表现得要如同自己的服装一样出色。

服装的最大功能是能帮助人们建立自信，帮助穿衣者沉着自如、优雅得体地表现，保持在各种场合下镇定自若的心态。据社会心理学家估计，第一印象的93%是由服装、外表修饰和非语言的信息组成，服饰是社会人用来传送语言无法传递的信息的一个有力工具，是文明社会人们交流沟通的重要手段。优秀的服装能够增加着装人的成就感，它让你表现得自豪、沉着、优雅、出众。

虽然大部分人都认为人们不应该根据外表来评判一个人，但是心理学家发现，一个人外表有无魅力，不但决定了别人对他的态度，也影响这个人对自己的态度。如果你穿着那种粗制滥造和裁剪不得体的服装，它们会无时无刻不在提醒你："我就如同我所穿的，我缺乏自信和才能，我一无所有。"曾经缺乏自信的麦克·陈，在为自己的服装做出投资后，感叹地说："一套1200加元的西服，和一套200加元的西服，改变的是我的自我感觉。我现在已经无法在一套200加元的西服中找到自我。"在进入加拿大CIBC银行后，他把第一个月的收入全部用于对自己外表的改造上，在他的衣柜里，不再存在劣质、廉价服装。

正因为大部分人缺乏自信，才使得社会上的成功者占极少数的比例。自信是取得成功的首要因素，而成功的人都能够向社会和群体展示这种自信，这也是他们能够成功的公开的秘密。自信的秘密并不鲜为人知。依然徘徊在失败者人群中的人，他们渴望成功，但又不能展示出自信，他们读尽了"成功励志"的书，却没有找到一条最简捷的现实的方法。不妨把服装用作辅助你成功的手段之一。"假装你有，直至你真的有！"（Fake it until you make it!）

英格丽建议：

美国形象大师罗伯特·庞德罗列的穿衣之忌：

1.买廉价衣服。

2.穿破旧、过时的衣服。

3.穿非自然材料、寒酸的衣服。

4.看起来就是失败者。

5.看起来就很懒散、不修边幅。

6.展示一维空间形象——敏锐、“酷”或者粗犷的乡下人。

7.穿着太伶俐，如同可爱的孩子，用过多的小玩意儿装饰。

8.加强你身体的缺陷（太胖、太瘦、太高、太矮）。

9.减弱你身体的优势。

10.突出你的劣势，而不是你的优势。

11.衣着传递的信息让人困惑——你的衣着应永远是积极的、与自己的风格相统一的宣言。

12.衣饰的搭配不合适。

13.不适宜的装饰物，过分地耀眼而显得俗华。

14.穿着无品位，过于乏味平淡，不让人感到振奋。

15.穿廉价的鞋，戴廉价的首饰。

16.把昂贵和廉价的服饰搭配起来，它整体看起来劣质、廉价，因为廉价劣质服饰总是突出醒目。

17.当你需要穿着雅致、精细时，却穿着随便、休闲。

18.陪同你的人穿着随便、不当。

19.穿着与年龄不符，成熟的人穿着像个青少年，年轻者却穿得过于老成。

20.刻意让自己穿着随便，以为如此会让自己与大众融为一体，显得民主，但事与愿违，你在降低自己，也不尊重他人。

21.做了时尚的奴隶，毫无思想地服从时尚。其中很多服饰并不适合你。

22.允许服装店的人向你推荐，卖给你服装，而不是为你服务。

你的着装应永远是积极的、与自己的风格相统一的宣言。

自我提升形象设问

Enhance self-image Q

1.我是否考虑过为什么而着装？为了美丽、英俊，还是为了更好地表达自己？

2.我是否有过着装不当，被人歧视的经历？

3.我是否犯过罗伯特·庞德的穿衣之忌？请逐条检查。

第 10 节　不要让太太包装你

时装是如此难以让人忍受的丑陋形式，以至我们每六个月就要改变一次。

——奥斯卡 · 威尔德（英国著名剧作家）

两种女人可以毁掉丈夫的形象：一种是追求时尚；一种是力图节俭。

——英格丽

看一看男人的穿着，就知道太太的水平。

25岁的安德鲁·王是英国JP摩根证券的股市分析员，在回国探亲时与漂亮非凡的舞蹈演员丁芸迅速结合。像大部分女人一样，丁芸热爱时尚、热爱丈夫。丁芸认为“丈夫的事业就是我的前途”。丁芸还有着强烈的形象观念：“穿得好，有时代气息就是有成就的象征。我丈夫一定要是全公司穿着最引人注目、最时尚的人。”好心的太太使尽解数想让自己的丈夫出人头地，用英国流行歌星男孩地带（Boy Zone）的形象装扮安德鲁。她不时地从伦敦时尚大街——牛津街买来最新时尚服装给自己的丈夫穿。安德鲁每日都光彩照人地走进公司。几天后，安德鲁的顶头上司私下对他讲：“我不得不说，虽然休闲时尚冲击影响着我们金融业的穿着，但在这里我们所做的依然是传统的生意。虽然公司没有明文规定你不能穿什么，但为了你刚刚起步的事业，为了公司的形象，我希望你能把这些时尚的服装留在周六晚会上穿。你不像个股市分析员，倒更像一个走T型秀的时装模特。”现在严格遵守“保守”穿着政策的安德鲁说：“我那位热爱我的太太几乎要断送了我的工作！由于高压力的工作，我没有时间为自己的穿着而费心思。更何况，我的妻子执著地认为她比我更懂得穿着，认为女人知道如何打扮男人，因为女人有艺术品位，女人懂得时尚。”

世间的太太们大都如丁芸一样，满怀自信地用自己认为最有魅力的形象来装扮丈夫，尤其是追求现代新时尚的太太们，她们并不明白成功的男人穿衣的目的不是为了时尚，不是为了突出自我，不是为了独树一帜追求奇异，而是为了展示力量，在含蓄的服装外表之下，处处透露出来的应该是深沉、可靠、威严、力量、自信和成熟。

很多有“责任心”的女人全心全意地打扮着她们的丈夫，把自己认为最合适、最引人注目、最时尚的服装买给丈夫。女人们渴望丈夫看起来潇洒、时尚。无论这个女人是什么背景、什么收入、什么地位，都想在服装上支配丈夫。她们认为这是自己天经地义的职责，男人的任务就应该是安心工作，任凭太太们装扮自己。大部分男人正如安德鲁一样，也没有时间身居重要职位的男人的穿衣目的是展示出权威性，甚至保持与部下的距离。

为自己的外表操心，因而他们把这个与事业相关紧要的穿着大权交给了太太。甚至大部分男人认为“女人比男人有品位”。国内有关形象的书，甚至认为“男人的衣服是为让女人看了合适”。

然而，事实是这样吗？这是一种有害于你事业形象的危险概念。女人们选衣服大都带有女人的眼光，除非太太懂得公司文化，懂得成功心理学。否则，她们都在一定程度上追逐时尚，因而也把自己的渴望和喜好放在男人的服装上。而男人工作的世界，特别是那些有着重要职位的男人，如公司总裁、高级经理穿衣的目的不是为了表现时尚、潇洒，而是展示出权威性，甚至保持与部下的距离，他们所需要的穿衣原则是几乎百分百地抗拒时尚的。

在美国一次形象调查统计中，当公司总裁们被问及一个高度时尚的男子在面试中获取工作的几率时，92%的总裁认为不可能，87%的人认为严禁职员穿着时尚服装上班。

另一种可以毁掉丈夫形象的女人是那种传统的“持家过日子”、勤俭节约的“好太太”们。她们力图节俭，对金钱精打细算。为了省钱，她们把眼光放在那些价目表上，专门选择廉价或降低价格的处理品，而根本不在意服装的质量。可怜的丈夫们长年会穿着质地粗劣和毫无品位的服装上班，留给人们一个无能、软弱、贪图便宜、吝啬、毫无发展空间的形象，停滞在一个位置上，日复一日、年复一年。

质地粗劣、不合体、颜色丑陋的服装可以扼杀了男人的事业，这种例子数不胜数。曾在英国猎头公司的格里格讲：“我从服装的质地上判断人的价值观、出身背景、经济情况和性格。穿着劣质服装的人，会减少首次面试的成功率。为了他们的机遇和我们的利益，我时常对客户的面试服装提出建议。”

并不是家境贫困的太太才选择便宜货，“节俭”的概念影响着大批的中国太太们。有位几乎是亿万富翁的太太也在中国的秀水街为丈夫买衬衣。纽约银行的弗莱德·杨工资不菲，他的太太是位大学的助教，在圣诞大甩卖时，杨太太在拥挤的“最后甩卖”柜台上为丈夫选了套价格低廉的一次性处理、“不可退换”的西服加衬衣，西服上还带有不明显的小洞，有的地方线头开请女人们不要用劣质的材料包装自己的丈夫。

散，衬衣的颜色古怪得难以让人形容。与杨太太同行的英格丽拦住了她，英格丽认为："如果你让丈夫穿这样的服装，你只有让他往失败的方向发展。因为他的穿着就代表他的价值，他的心境会随着这些衣服变得消极，他的自信和自尊会由此而下降，他的行为举止会受到这些劣质衣服的暗示，他会表现得像这套衣服一样毫无发展前途，他会由于穿着而受到同事的轻视，他也会被老板忽略，他需要付出十倍的努力去证明自己的能力！"

其实女人的思想意识和自我形象也反映在丈夫的形象上。有人精明地总结道："看一看男人的穿着，就知道太太的水平。"一个把金钱看得比丈夫的前途还重要、勤俭持家过日子的女人，也会让丈夫的事业发展停滞在勤俭节约的水平上。另外一些缺乏安全感的女人自以为把丈夫打扮得毫不出色是最明智的保护家庭的举动。但是，岂不知一个有潜力的丈夫是家中最珍贵的宝藏，他们的外表是通向财富的钥匙，请女人们不要用劣质的材料包装自己的丈夫。

社会心理学博士苏菲和英格丽有着同样的理念，她深谙男人的外表也是家庭的财富。她有这样的哲学："我在用最大限度的可能性打扮我丈夫。"在丈夫刚刚进入投资银行时，他的服装费用远远超出他们的经济实力。但优质服装带来的效果是不可估量的，他在刚刚工作的第三个月就涨了工资，一年后又被提升，他被同事们称为"交易层最佳着装者"。苏菲把自己的社会心理知识用于丈夫的事业，获得了丈夫的老板和同事的信赖。

英格丽的形象设计导师这样告诉她："你若想挣百万美金的工资，必须让人先看起来就像个百万美金的钞票。"你的丈夫是否能够值这么多钱，从他的服装就可以判断。英格丽建议一切渴望丈夫成功的女人，先不要用自己的眼光来打扮丈夫，最好先咨询商务形象设计师，或者再看一看电影《华尔街》，看一看电视上世界领袖人物的装扮，在伦敦、法兰克福、东京、中国香港的金融大街体验感受后，再问自己："我为他买的衣服，让他看起来像个值这么多钱的人吗？"那些不懂得公司文化的女人们，千万不要主观地按自己的方式打扮丈夫。

男人，你需要的是“权力”“威严”“领导力”。

英格丽建议：

1.不要盲目地让你的太太包装你。太太们应先学习一些形象设计知识和了解公司文化后，再包装丈夫。

2.让商务形象设计师包装你，而不是色彩咨询师。你的形象不是简单的色彩问题，你的服装不是格调、时尚，你需要的是“权力”“威严”“领导力”。

3.不要让售货员或服务员给你推荐服装。

4.不要追随明星、歌星、艺术家的服饰。

5.不要让你的成长背景影响你的服装。

6.男人们自己要多注意世界领导人形象的新动向。

自我提升形象设问

Enhance self-image Q

[仅限于男士]

1.我的太太是什么身份？

2.我的太太是勤俭持家的女人吗？

3.我是否总是穿着太太买的服装？

4.她为我买服装的原则是什么？

5.我是否考虑过，她懂得我的职业需要什么样的形象吗？

6.我是否亲自去买服装？

7.我是否考虑过服装会影响我的事业？

第 11 节　领带——男人的自我宣言

学会系好领带是男人生活中最严肃的一步。

——奥斯卡 · 王尔德（英国剧作家）

领带是男人的概念和风格，是男人全身唯一最能表达自我的工具。

——《领带之书》

我每天都看到男人们根本不知道如何挑选领带。

——肯 · 凯宾斯基（国际形象设计师）

领带是展现你的个性的最好办法。

英国某投资银行招聘数量分析员，刚从伦敦商院毕业的麦克尔·陶被猎头公司送去应聘。麦克尔是个性格热情、喜欢引人注目的人，他喜欢用那些颜色鲜艳的领带来展示自己的活力和个性。面试那天，他认为自己的外表形象是无可挑剔的。他穿着高质量的意大利阿玛尼西服，闪亮的新皮鞋，新剪的头发，戴着印有可爱小兔子的金光灿灿的黄领带，穿着醒目的红白条纹衬衣。他认为金融界的服装总是那么死气沉沉、毫无个性，他要在面试时带给他们一点朝气，以留下深刻的印象。面试结束后，麦克尔由于多种原因没有得到这份工作。

当他与朋友比尔探讨面试失败的原因时，常常面试别人的比尔说："你听说过男人的三大装饰物中以领带为首要吗？不瞒你说，我自己就是常常以别人的外表来判断性格，而领带是最引起我注意的装饰物。让人眼花缭乱的领带，显然不能让我喜欢它的佩戴者。我若是你，就换一条有品位的领带。你想，风险管理工作意味着你们要控制风险，要求工作人员有平稳的情绪，可靠的个性，为前台交易员的交易提供可靠的分析和决策。而你的领带光彩夺目，喧闹无比，它好像在告诉别人'注意我，我需要你们的注意力'，它在告诉别人你不是一个能够专心地监控大手笔交易的人，你的个性不适合做控制风险和承受交易层的高压力环境，你需要的是一个突出自我、与人打交道的工作，而数量分析员是做后台工作的，只不过对前台提供支持和配合而已。"

美国形象设计师说："领带是展现你的个性的最好办法。你是保守的、花哨的、权威的、沉默的、休闲的还是严肃的个性，人们能迅速从你的领带中去领悟。领带是男人的概念和风格，是男人全身唯一最能表达自我的工具。"法国时尚专家弗兰斯瓦·沙勒在他的《领带之书》中形容："领带是雄性服装中唯一带有梦幻的一个点缀，它能用多种语言表现穿衣者不同的年龄、背景、品位、风格和地位！"英国19世纪最著名的剧作家王尔德也寓意深刻地做出过这样的总结："学会系好领带是男人生活中最严肃的一步。”选择领带意味着一个男人开始建立自我个性，是他走向成熟的象征。

在西方，领带、手表与法式袖扣被认为是男人身上的三大配饰。可见领带的佩戴在男人形象中的重要作用。尽管男人的西服长短及样式在50年中的变化不超过1/4英寸，衬衣的样式及颜色变化也是寥寥无几，但是领带的颜色、花纹、布料却变化万千。你可以日复一日地穿着同样的西装，而只有领带的变化能让人们忘记你昨日穿的衬衣和西装。领带是男人每日最有效变换服装效果的工具。加拿大形象设计师凯伦认为：“领带是男人身上唯一能带有色彩的饰物。”选择有艺术品位又有权威力量的领带，能衬托出一个成功的男人深厚雄伟的魅力。而一条低品位、劣质的领带，也能吸引人们的所有注意力，只不过它在无声而又恶毒地诋毁它的佩戴者：“看看我的主人吧，他是多么地没有品位！他是多么地不在乎自己！他是多么地没有生活的乐趣！一个没有生活品位的男人不值得你们接近他！”

西方的政治家们在电视镜头前，懂得如何充分利用领带来表现他们的魅力。美国前总统克林顿就是这样大胆地利用领带来展示自己男性魅力和个性的。在大选前夕进行自我宣传时，在克林顿的竞选班子中媒体形象专家的创意和设计下，克林顿敢于多花样地佩戴鲜红夺目的领带，穿着白衬衣、灰蓝的西服，虽然头发已经呈现出灰色，但他显示给选民一个性格热情、朝气勃勃、充满男性魅力的年轻总统的形象。在美国，他的形象尤其深受女公民们的欢迎。有的媒体专家认为克林顿的选票多数来自于少数民族和女人，这不是没有道理的。因为，在西方，红色不但是个政治倾向的符号，它还象征着警告、危险。但是，红色领带又能传递非常奥妙的、有活力的信息，它使人感到血液中激情的燃烧。因此，美国一次大型的形象调查结果发现，红色领带被女人们认为是一个男人性感、有活力的象征。现在越来越多的政治家为了显示自己“青春依旧”而戴上了红领带。

领带还可以表达男人的情绪。在克林顿与莫尼卡的丑闻中，媒体上的克林顿带着灰暗或蓝色领带。当然，精明的克林顿不会在这种危机的时刻再用红色领带刺激他的支持者，灰色和深蓝色的领带在含蓄地告诉人们：

红色领带被女人们认为是一个男人性感、有活力的象征。

“我的佩戴者是一个真诚的、可以信赖的人！”

然而大部分男人没有克林顿那样幸运，他们不能够长期雇用形象设计师。在中国，领带文化也是在改革开放以后兴起的，许许多多的男人在广阔无垠的领带市场迷失，感到找不到自己和自己领带的定位。一位男士抱怨说：“在市场中，那五颜六色、花纹奇异的领带让我眼花缭乱，我不知如何选择。常常选择那些先跳入我眼帘的，但回家后，又发现它们与自己的服装、衬衣无法相配。”这种男人处处存在，他们会发现自己的领带柜里，没有一条非常满意的领带，他们常常成了领带的牺牲品。不少男人认为，这些让人头痛的领带又舍不得扔掉，只好勉强地凑合戴上。

在国内，英格丽常常看到一些身居权威要职的男人戴着那些削弱他们威严的领带。一个身价不菲的老板还带着刺眼的、大花纹的化纤面料的领带，这不免让观察者迅速地为他下结论：“这家伙，真不懂得什么是品位！”类似的事情也发生在英国。英格丽在为英国客户的一次咨询服务中，扔掉了客户近 30 条领带。因为这些领带“没一条能为你的形象增光彩，每一条都在破坏你，贬低你。那些喧闹的图案、可爱的动物、美女脸谱、歌王脸谱、死板无生机的大横格子，以及肮脏的颜色，都在直截了当地告诉人们你不在乎自己，你缺乏男人的品位，你还停留在那些中学生及追星族的行列；那些过时的厚呢子领带，让人们想起我们的祖父；那些窄小的领带让人们怀疑你还没有进入 21 世纪”。

英格丽强烈地向那些渴望更大发展的男人建议：“买那些高质量的领带。领带是男人身上唯一带颜色的装饰物，为领带花些钱吧！人们能分辨出价值 10 镑和 80 镑的领带的不同，你的价值与你的领带质量成正比。”

瑞士银行的风险经理丽蒂娅博士的部门里男人占了大多数，她对他们的领带颇为注意。在谈到男人的领带时，她说：“在面试中，我希望看到的是被面试者的脸，我不希望看到那些夸张的、毫无品位的、劣质的领带。因为它们会不断地扰乱我的注意力。毫无疑问，领带在面试的第一印象中给了我判断对方性格的依据。我希望看到保守、含蓄、有品位的领带。”

你的价值与你的领带质量成正比。

美国形象设计大师莫利先生认为："无论你喜欢与否，领带比你身上任何一部分都能让人们判断你——你的可信度、个性和能力。"他在进行了26年的服装调查中发现，人们认为戴保守风格领带的人有能力，而且品行更可靠。他做了一组实验，拿了几张照片，上面是男人们戴着不同的领带，让几百个在商业界工作的人们判断哪些是勤奋工作、有责任心、诚实的人，哪些是无责任心、懒散的、不诚实的人。人们几乎百分之百认为那些戴保守领带、像中上阶层的人是可靠、有责任心而且是可以信赖的。

在西方，人们普遍认为不戴领带的人一定是事业上的失败者。公司的总裁们认为任何商业会议都需要领带，这是最基本的常识，如果穿西服不戴领带，就如同女人化妆只化了半个脸。在美国形象设计界流传着这么一个故事。一位申请工作的人，在前来面试时没有打领带。雇佣方的面试者给了他30美金，告诉他："请你买条领带再来面试！"这说明在商业形象中，领带比任何装饰物都重要，穿西服不戴领带的严重性已经不再是不懂得商业礼仪，而是他是否在乎自己的工作和公司的信誉。有信誉的商业机构是不会把工作的机会给那些不戴领带的面试者的。然而在中国的电视上，却常常看到省市级政界会议上男人们西装革履，脖子上却空空如也。当然，权威们的权位让人们依然尊敬他们，但是，在中国越来越融入国际大家庭之际，在国际交往中，我们需要这样告诉国际来访者吗？——"嘿！这是我们中国的习惯，我们不喜欢打领带，请理解！"

英格丽在中国遇到这样一件有趣的事情，某位大型杂志的编辑写了一篇商务形象的文章，指导读者如何进行商务形象设计，而这家杂志的读者几乎都是企业的老板和高级管理人士。这位20多岁的编辑"创造性"地建议商业着装应该用黑色、棕色，而且指出领带有80多种打法。这样的指导让人瞠目结舌！首先，在商业上（甚至在生活的一切场合），领带的打法只有三种。我们不可想象，一根短短的领带的80多种打法，将会如何缠绕在我们的企业老总的脖子上！如果企业老总听取了这个编辑的建议，把自己的西服换成了黑色和棕色，在国际商业会晤中留给外商的印象是不堪设想的！因为，在西方，黑色西服仅仅出现在葬礼和婚礼上，而棕色西服是没有品位的代名词！

毫无疑问，领带是一个男人能否被尊重的象征，它是一个男人对外界的自我宣言，是一个男人自我表达的工具，是一个男人可信度的指针。领带能把你从芸芸众生中区别出来，但不是靠浮华夺目的颜色和花纹，而是靠艺术的品位。领带的风格是力量和权威的表现，追求这种效果需要用心仔细去品味，用大脑精密地去设计。

值得庆幸的是，形象设计的理念越来越深入到中国的政治和商业领域。已经有许多的商业领导开始寻求形象设计师的帮助，以求迅速在“第一印象”中与世界的商业规范接轨。在我国“十六大”结束时，新一代的领导人在电视中的新形象，已经是无可挑剔的，他们几乎全部戴着绛红色的领带，这种领带在西方调查中被认为是最有权威和最可信的领带。

英格丽建议：

1.不要买这几种领带：

（1）印有明星、美女、动物图案；

（2）图案大而俗；

（3）非真丝的合成纺织品、毛料、布料等粗劣的纺织材料所制成的领带；

（4）那些奇怪的颜色，如紫色、土黄色、粉红色、绿色等色彩的领带。

2.买图案含蓄、简单，色彩保守的领带。一个男人至少要有一条绛红色和蓝色的领带。

3.买国际标准尺寸的领带。

4.根据衬衣领口形状不同，用不同的领带打法。

细节：领带不应有瑕疵、线头破丝，或者褪色变形的迹象。

领带的风格是力量和权威的表现。

面料：领带的面料只能选择全真丝的。成功的男人不戴人造面料或棉、麻、皮等材质的领带。

图案：只选择小图案，圆点、简单的图形，含蓄的图形或单色或条纹的图案。

色彩：忌用混合三种以上颜色，尤其是色彩太鲜艳的俗华领带。

领带的打结：

1.领带的衣底三角正处于腰带的中间。长于腰带，显得不精干；拖拉在腰带之上，显得小家子气。

2.领带的打结与领口的样式有关，领口越宽，领带的结应该越宽。领带共有三种打法：温莎型，半手型，四指式。

自我提升形象设问

Enhance self-image Q

1.我有多少条领带？我经常用的是哪些？

2.我选领带的原则是什么？

3.我的衣柜里是否有带着明星、美女、动物图案的领带？是否有绿色、黄色、粉红等鲜艳颜色的领带？

4.我的领带上是否有线头、污点？

5.我是否懂得领带的三种打法？它们是针对什么样的领口？

第 12 节　永远不要把钱交给穿着破皮鞋的人

永远不要相信一个穿着破皮鞋和不擦皮鞋的人。

——华尔街俗语

低头看看他脚上穿的，就知道他真实的身份。

——英国鞋商

鞋，是一种身份的象征！

多伦多华人律师阿兰·叶在社交场合遇到了一位大都会人寿保险公司的销售员王先生。两天后的周末，王先生如约前往阿兰家。阿兰打开大门，迎进了西装革履、发型整齐、满脸微笑的王先生。

“一个地道的保险推销员形象，大都会人寿保险公司真不愧为一流保险公司。”阿兰暗自称赞。当王先生与阿兰坐在沙发上时，跳入阿兰眼帘的首先是王先生脚下那一双已经变了形的旧皮鞋。它破旧、毫无光泽，充满多道皱纹，与西服毫不相配。阿兰大失所望。

当王先生移动身体时，阿兰心中为他那高质量的毛料西裤而祈祷：“千万别让这么好的裤子去擦那双早已该进垃圾堆的破皮鞋。”尽管王先生用极好的口才不厌其烦地介绍了多个适合于阿兰的保险政策，阿兰的思维却全在那双如同木乃伊一般的破皮鞋上。

阿兰谈到这段经历时认为：“在我们律师事务所，任何加拿大的律师都穿着闪亮如新的皮鞋。鞋，是一种身份的象征！穿着破皮鞋的人，只有两种可能：第一，他买不起新鞋。那么，他一定是一个不成功的销售员；第二，他舍不得买新鞋。那么，他一定是个吝惜金钱的人。无论是哪一种可能性，他都不会取得我的信任。”因为保险公司所卖的是信誉，而保险的信誉首先来自对销售人员的信任度。

大多数情况下，人们不是买不起或者舍不得买新鞋，而是由于他们感到旧皮鞋穿着最舒服。但是，一双旧皮鞋带来的可怕后果却是穿旧皮鞋的人永远不可能想到的！它能够轻易地毁坏你的形象，赶走你的商机，把你的辛勤工作结果无情地抛弃，它让别人从心底悄悄地鄙视你，在大脑中可怕地揣测你的成长，用阴险而怀有恶意的幻想把你生活的背景涂黑。不要责备人们的肤浅，不要说他们是势利眼。因为人们更相信你的鞋，而不是你！即使你身上穿着顶级名牌西服，手上戴着价值昂贵的饰物，不论它们是多么的精致、巧妙、完美地搭配，一双破旧的、沾满尘土的皮鞋可以抹去你身上的所有光彩。

闪亮、优质的鞋，仿佛意味着杰出、优秀、可信的品格和人格。

英国一位世代做皮鞋生意的绅士说："低头看看他脚上穿的，就知道他真实的身份。"在古罗马，人们也用鞋来标志一个人的身份。只有出身高贵或者良好教养家庭的人会在成长中被教育道：鞋是一个人的身份象征之一。闪亮、优质的鞋，仿佛意味着杰出、优秀、可信的品格和人格。然而，大多数人却常常忽略了脚下，而把全部的努力放在西服、领带、衬衣、饰物上，他们会认为鞋是微不足道的，没有人会把目光集中在你的脚下。是的，当你的脚下不是消极地引人注目时，人们不会盯住你的脚下不放。但是，一旦你的破皮鞋"脱颖而出"，就不要期望人们会忽略它。

从一双皮鞋就能够推测出穿鞋者的诚实度，听起来是多么的不可思议。然而，在华尔街上流行这样一句俗语："永远不要相信一个穿着破皮鞋和不擦皮鞋的人。"它实际上是说穿鞋者的品行和可信度就如同鞋的质量一样，它告诫人们不要把钱交给穿破旧皮鞋的人管理。可见穿鞋的目的不仅仅是为了要舒服，它是人们在对你的成就、可信度、社会背景、教养等方面的又一个重要检验标准。

在美国的一次形象设计的统计调查中，80%的人认为穿着保养好的鞋给人以良好积极的印象。对女人来说，鞋是判断男人的一个敏感的检测器。当英格丽在进行形象调查，问到在美国、加拿大、英国的成功的女性朋友时，她们表示鞋能够让女人们迅速地捕捉男人的地位、个性、自尊、品位、出身等信息。在美国，一位女作家声称："如果一个男人能爱护自己的鞋，他也能爱护你。"虽然言之有过，但仔细想一想，一个男人若能很在意自己的鞋，至少说明他在意自己、在意别人、在意生活中的细节。那么，我们可以由此逻辑地推测：他可能有责任心，而且可能很可靠，甚至可能有情调，他可能会有发展的潜力。

我们在这本书中一再强调，成功的人大都有着成功的人生：成功的形象、成功的人际关系、成功的生活方式、成功的思维方式。这几者之间是互相作用、相辅相成的。成功的男人不仅仅有雄厚的银行账号，他们不满足于仅仅是优秀，他们追求卓越，需要不断地超越现有的状态，这些都会表现在生活的细节上。一个完善的成功者不但敬业、有责任心，而且有情调、懂生活，懂得作为一个出色的都市男人与一个原始的粗野男人的区别，他们会花一点精力培养自己的格调，创建自己的形象。因而，出门时，先看一看自己的脚下，不要让一双不堪入目的破、旧、脏的鞋成为毁坏你形象的“蚁穴”。精心保养的鞋应该是发亮的，没有显著、突出的皱纹。不要幻想别人会忽视你的脚下，每日都应该保持擦皮鞋的习惯，一双沾满了灰尘的破旧皮鞋是对你精心设计的形象的巨大摧毁。

在过去电视新闻中我们常常可以看到中国的领导人接待外国客人时，中方的代表中有穿着耀眼的、只有在体育场上才能穿的白袜子。当英格丽在天津大学管理学院为MBA学生讲课时，提到穿西服不应穿白袜子，台下很多人下意识地缩回了脚，他们的动作让她注意到，前排不少人穿着白袜子、有色袜子或者花袜子。

在华尔街工作的华人吉姆·李，七年前参加一次金融研讨会。他在就座后发现有些人的目光在自己的脚上多停留了一会，过分地被人注意引起了他的不安。突然间，他意识到自己身边的人没有一个穿白袜子，而自己那双醒目的白袜子如同鹤立鸡群。这双来自中国的白袜子的袜勒儿又很短，当吉姆坐下来时，他腿上的腿毛被人尽收眼底。吉姆不能忘记那天的尴尬：“整个上午，我努力把脚向后缩，不让人看到我的袜子和腿毛。那是一个充满焦虑、不堪忍受的上午！我的心思全在这双倒霉的白袜子上。到了中午，我冲出大楼，买了一双蓝袜子换上，才如释重负。这一次的教训让我终生难忘！”

也有人不以为然地认为：“麦克·杰克逊还穿白袜子、黑裤子呢！”的确是这样，但杰克逊是一个摇滚歌手，本来就是要标新立异，以奇装异服、与众不同的风格来吸引追随者，一双开口的黑便鞋加上一双夺目的白袜子成了杰克逊的代表符号和品牌。在他的身上是艺术，在我们的身上就是缺乏商业形象的知识和不具有品位的表现。如果你热爱并追随歌星的风格，就不该投身于商界和政界，更不要再做进入高级管理阶层的美梦。

如果你热爱并追随歌星的风格，就不该投身于商界和政界，更不要再做进入高级管理层的美梦。

美国形象设计师凯宾斯基在《红袜子不工作》一书中把男子穿着短勒儿袜，以至于露出腿上的汗毛作为“穿衣之大罪”，英国人也有“绅士不露腿毛”的俗语。重视外在形象的中国女律师孙小姐，在一次会议上看到讲话的男士穿着一双花袜子并且露出了腿上的汗毛，她说：“我对他的信任和期望降到了最低点，开始形成与他相反的观点，因为我不信任那双花袜子会阐述高明的观点。”穿着奇异、耀眼的袜子，肯定毁坏你的光辉形象。在中国，目前穿着那种人造纤维的尼龙丝袜的人还普遍存在，虽然他们的身体已经进入了21世纪，但是他们的某些思想状态和生活方式却还停留在20世纪80年代。我们可以想象一个还遗留着20年前的气息的人，能够与时代同步发展吗？他能是那种有卓越建树的成功男人吗？一个有身份、有地位、有品位、有格调、有建树的人应该穿着纯棉或者毛料袜子。因为这类材料不但美观，而且舒服吸汗，脱下鞋后也不会散发出熏天的臭气。而那种尼龙丝光袜子和它们所散发出来的气味不但破坏你的形象，还会恶意地冲击别人的嗅觉系统。英国某银行衍生证券处的主任经理比尔说：“面试新人时，我开始把更多的注意力放在细节上。大部分在银行有工作经验的人都已培养出让你无可挑剔的谈话技巧，并且懂得穿衣的影响。只有通过观察常被人忽略的小细节，比如鞋、袜子、指甲、手等，让我获取很多简历和面试中无法获取的信息。”

显然，注重细节是要付出精力和代价的。正是这些被大部分人所忽略的细节，可以让我们辨别一个外表成功的人是精致还是普通，是卓越完美还是刚刚脱离失败之圈。

那些尼龙丝袜和它们所散发出来的气味不但破坏你的形象，还会恶意地冲击别人的嗅觉系统。

英格丽建议：

鞋：

1.扔掉你所有的破皮鞋。鞋的质量至关重要，保持皮鞋发亮、不皱。

2.每天要擦皮鞋，不要穿沾满尘土的鞋。沾满了尘土的鞋让人怀疑你是否讲究卫生、是否勤快，由此联想到你是否在事业上勤奋、成功。

3.穿西服时应该

——只能穿优质牛皮鞋而不是猪皮和羊皮鞋，更不能穿仿制的皮革或其他材料的鞋。

——只能穿黑色的皮鞋，不能穿那种翻毛、磨光或磨了砂的皮鞋。

——只能穿样式简单的黑皮鞋，不能穿那些带有金属装饰物的鞋，不能穿那些船式、拉链式、其他怪异样式及充满花纹的鞋。

袜子：

1.扔掉你的花袜子、红袜子等其他带色彩的袜子，不要穿多色或者大花纹的袜子。

2.袜子要与裤子同色，男人只能穿蓝、灰袜子或黑袜子。白袜子只能在运动时或穿白西装时穿。棕色袜子用于休闲的咔叽布或棕色裤子。

3.袜子的勒儿要足够长，以遮住腿毛，“绅士不露腿毛”。

4.要天天换洗袜子。

5.不能穿有破洞和破了丝的袜子。

6.把你的尼龙袜扔进垃圾堆，不要让它们破坏你的形象，刺激他人的嗅觉。

自我提升形象设问

Enhance self-image Q

1.我是否见过衣装笔挺、脚上穿破旧皮鞋的人？我如何看待他们？

2.我是否经常注意自己皮鞋的新旧程度和光亮度？

3.我是否有会露出腿毛的短袜子？

4.我是否有尼龙等化纤材料制成的袜子？

5.我穿西装时是否穿红色、绿色、黄色等颜色的袜子？

6.我是否每天换袜子？

第 13 节　去掉西装和领带后，董事会的竞争并没有停止——休闲服装并不是随便穿

去掉西装夹克和领带后，董事会的竞争并没有停止。

——菲利浦·胡森

服装往往可以表现人格。

——《哈姆雷特》

好品位是无法代替的。

——马克·吐温

你在穿上服装之前应先想一想你要给人们展示一个什么样的形象和个性。

英国阿比银行实行了全周休闲服制度。开始时，人们感到突然地解放了，再也不用每日熨衬衣、打领带、擦皮鞋了，职员们开始穿着自己舒适的衣服上班。一天，当实在找不出得体的搭配，印度职员纳什就穿着黑色牛仔裤来上班。

部门经理把他叫到办公室："我们公司虽然实行休闲服制度，但并不意味着什么都可以穿到公司。前几天，你穿着民族特色的衬衣，考虑到你的民族文化，我没有干涉。但是，牛仔裤是不利于我们公司形象的服装，公司明文规定不能穿牛仔裤上班。请不要让我再看到你穿着它上班。"纳什听从了经理的告诫，从此把牛仔裤留到了周末。

几天之后，纳什穿着短袖保罗T恤衫上班，他又被叫到了经理室："我希望你在着装上注意，T恤衫和露出肌肤的衣服不符合我们公司的穿衣原则，请你不要再穿着它上班了。"纳什百般不解地抱怨道："什么才是真正的休闲服？休闲服不是为了解放我们的压力，让我们自由地选择吗？现在，休闲服制度带给我这么多的'不允许'，让我并不休闲！这么多禁忌，我真不知道还会触犯哪条规定！穿西服的日子远比现在的所谓休闲服的日子好过得多。现在，每天晚上，我不得不为第二天的穿着而伤脑筋。"

高科技的发展改变了人们的生活和工作方式。比尔·盖茨领导的高科技精英的装束也冲击和改变了传统的职业服装，休闲服制度已经在世界范围内渗透到各个行业。休闲服的目的是为了让人们在炎热的夏日不再受毛料西服的折磨，人们可以自如地穿着最舒适的服装坐在办公桌前，不再受拘谨的西服的约束，人们可以通过艺术地搭配服装展示自己的品位和创造力。然而，休闲服制度真的让人们的穿着达到"休闲"了吗？真的可以毫无拘束地展示自己的与众不同了吗？

不！"休闲服并不休闲"，这是很多精心打造自己形象的英国金融界职员的抱怨。休闲服虽然看起来是放松了对职业穿衣的制约，但是，千姿百态、花样无穷的样式和眼花缭乱的色彩让人们感到落入了服装的汪洋大休闲服并不休闲。

海之中。合理得体的搭配和一些不成文的约束，无形中对人们的穿衣提出了新的挑战。太多的选择，导致人们不知道该如何正确地选择了！他们不知道哪种风格能最好地体现职业权威的力量，不知道那种服装会触动职场上戒规的地雷。纳什的抱怨正是这场服装革命后人们的普遍反映，不可否认，传统的西装革履对人们形象知识的考验远比休闲服的挑战小得多，尤其是对那些想通过服装展示权威力量的人们。

纳什的朋友罗杰也抱怨："我习惯于西服、衬衣、领带的和谐搭配，像几个公式一样简单。但自从休闲服制度的执行，我的新问题就到来了，千变万化的休闲服，让我感到建立一个成功形象的困难度。休闲服不但显然削弱了西服的权威和力度，而且在检验着我的品位、修养和对时尚的艺术鉴赏力。当我打开衣柜，面临着远比衬衣、西服加领带复杂得多的选择：裤子与上衣的搭配，衬衣、毛衣、领子样式、面料、颜色等等新的花样和概念，涌进我的选择范围，有时令我茫然不知所措。"

虽然休闲服带给我们广阔的空间和更多的自由度去表达自己的创造个性，但这并不意味着什么都可以穿。因为你的服装无时无刻不在帮助你与人交流，你在穿上服装之前应先想一想你要给人们展示一个什么样的形象和什么个性，你穿着的第一目的不是为了自己的舒适，而是为了创造一个你渴望的、有利于你的事业的形象。

无论是休闲日还是非休闲日，任何与商业合作者、客户的相会都是一个对你形象的考验和检查。如果你以为与客户首次见面是在休闲日，就可以穿着轻松的休闲装赴会，那你是在冒着失去商机的危险。居住在多伦多的华人索菲亚在周五的晚上接待了上门的"个人理财"顾问，这个顾问的有亲和力但没有威力的"休闲装"让索菲亚关闭了对他的"财门"。她认为："这个穿着毛衣和牛仔裤的年轻人怎么能够懂得理财呢？我辛勤得来的财产怎么能让一个不知道穿西服的人管理呢？"尽管是休闲服的时代了，但是，那些传统的商业领域和很多客户却不买休闲服的账！在商业的会晤中，西装革履总是比休闲服更能有说服力、更让人尊重。

无论是休闲日还是非休闲日，任何与商业合作者、客户的相会都是一个对你形象的考验和检查。

在英国阿比银行实行了一年的休闲服制度后，经历了每日“品位”地搭配服装考验的主任经理比尔终于决定放弃自由、舒适的“休闲”特权，重归拘谨、保守的西装时代。他发现了西服的优势：“我个人认为西服能让我更好地与职员交流，我感到西服带给我的自豪和权威，休闲服选择实在太多，我没有时间犯时尚的错误。传统西服让我节约时间，它们也能够把我与我的部下区别开。在休闲服制度时代，穿保守的西服并没有任何不妥，但在传统的西服制时代，穿休闲服都是大逆不道。”在商业形象设计的原则中，穿得好（dress up）总是比穿得休闲（dress down）更加安全和可靠。

休闲服减弱了西服给男人带来的威严和被尊重感。这是很多注重外表权威的管理者所不愿意接受的。但他们从西服夹克中找到弥补权威的办法。曾在德国银行工作的部门经理彼得建议：“我永远穿着休闲西装夹克，而不是运动式的夹克，有时我还打着领带。我永远不会穿着毛衣上班，毛衣虽然让我舒适，但却不给我权威和力量。我是个经理，我更看重的是我作为经理的效率和权威，我安排的工作能够预期完成比让部下感到我有亲和力更重要！”确实如此，对于一个领导而言，柔软舒适的毛衣轻而易举地拆除了权威的盔甲！

休闲服制度让千姿百态的时尚服装走进严肃的摩天办公大楼，但追求成功的人们和领导者却不会轻易地相信，脱掉西服和领带后，人们就可以自由竞争了。商界依然是商界，而不是时装界和艺术界。商业活动是雄性的活动，是有规则的、现实的、充满了竞争的游戏。而艺术和时尚却是雌性的活动，需要创造、幻想、打破局限。商业活动是严肃的而不是休闲的，成功者的休闲装依然要体现信任和权威，要以传统、保守、高质量、高品位为原则。

听众和读者多次向英格丽建议：“那么，你应该告诉我们如何具体地选择、搭配休闲服！”遗憾的是，如果能够像西装革履那样有具体的标准，那么我们就是可以变相地创造了新的西装革履的制度。那么，解放传统西服就不可能达到休闲的目的了！传统的西装革履有非常明确的、不成文的国际规成功者的休闲装依然要体现信任和权威，要以传统、保守、高质量、高品位为原则。

定，因此，我们可以清楚地告诫你，“这样是正确的，那样是不正确的”。但是，休闲服却没有强制性规定，它不告诉我们什么是应该的，但是国际性的公司却都有几个明文规定，它们是你在选择休闲服时不应该触犯的“清规戒律”（请见英格丽建议）。除了这几条“清规戒律”适应于每一个人之外，休闲服的选择并没有一个统一的国际标准。服装是充满了个性的装饰，每一个人的体形、肤色、气质和性格不同，他们所适应和选择的服装也就不同。

由于各个公司的性质不同，人们很难有一条标准休闲服的原则。保险、银行、律师等传统的行业，受休闲的冲击不大，而高科技、广告等行业，就有更多的自由发挥空间。由于企业文化的不同，人们穿衣也不同，最安全保险的办法是追随你老板的风格，或者保持英国绅士保守高贵的风格，永远不要做第一个把牛津街新时装引进公司的人。

英格丽特别地建议公司的总裁，永远不要忘记自己的权威身份，不要让轻松、没有说服力的服装削弱了总裁的领导权威。他应该知道什么叫做经典的、永恒的、给予信任的商业服装，他不会选择瞬间就会过时的、廉价的衬衣和时尚的裤子。

英格丽建议：

1.不要穿牛仔裤，它永远不会为你增加积极的形象。

2.不要穿短袖T恤等露出肌肤的衣服。

3.冬天不要仅穿毛衣，请穿上西装夹克，它为你增加权威。

4.不要穿大花纹和醒目颜色的衬衣或保罗衫。

5.夏天不要光脚穿凉鞋，不要穿拖鞋，不要穿旅游鞋，永远只穿皮鞋。

6.穿咔叽布或毛料裤子，不要穿化纤或人造布料的衣服，选用中性颜色——毕其色、灰色。

7.学会色彩搭配。

最安全保险的办法是追随你老板的风格。

自我提升形象设问

Enhance self-image Q

1. 我是否穿着短裤、T恤、牛仔裤上班？

2. 我是否将西装和牛仔裤混合搭配？

3. 我是否穿着毛背心还外套西装？

4. 我是否穿着拖鞋、光脚穿凉鞋去上班或者见客户？

第 14 节　手表、腰带等配饰物——你的增值器还是减值器

区别一个人与动物的是他的配饰能力。

——《间谍》杂志

通过鉴别他们的配饰物，我们就知道他的真实身份。

——乔恩·毛利（英国形象设计大师）

正是这些小附件，让我们区别一个真正有身份的成功者和一个还在努力中的人。

山姆·李是位精明的、精益求精的上海人，在美国纽约HSBC（汇丰银行）工作。他深谙外表形象对事业的促进和影响，因而山姆对自己的外表着装格外地注意。在进入华尔街的三年中，他的形象已经从一个普通的不起眼的亚洲留学生变成了处理上亿金额的华尔街金融骄子。

他传授自己的经验：“最好的办法是效仿我老板的穿着。”老板穿着意大利热尼亚西服，戴着阿玛尼领带，内着白色的德国万·拉克衬衣，他也如法炮制。眨眼一年过去了，山姆看起来已经和大老板的派头不相上下，同事们戏称他为“克隆老板”。直到有一天开会，“克隆老板”终于发现他与“原装”老板的不同。

山姆说：“那一天，我在开会中作市场分析，在我指着映在墙上的图时，我的多功能黑塑料精工表展露无遗，我仿佛感到有人在盯着我的表。我敏感地注意到别人手腕上的都是亮晶晶的看似昂贵的金属表，而大老板手腕上的白金瑞士表，更是趾高气扬地露在衬衣的外面。这块电子表让我看起来像这个群体中的异类和赝品，它与我的行头毫不相配。刹那间我知道了我与老板的区别：一个戴着50美金的多功能海陆空电子表，一个戴着一万美金的白金瑞士机械表。”

手表、腰带、钢笔、公文包、眼镜、钱包、手套、戒指等在英文中被称为“附件”或“修饰物”，这意味着它们并不是缺之不可。但是，正是这些被人忽略的“附件”，可以让人们辨别一个人的真实身份，是一个真正成功的人，一个具有权威的领导，还是一个还没有走向卓越和貌似成功的人。有一些成功的人认为，这种用名牌附件装饰自己的做法是虚荣，是内心缺乏安全感，是拉大旗做虎皮、打肿脸充胖子的行为。当然不能否认，在中国改革开放的过程中，某些特殊行业的人依靠着非正常手段牟取了巨额的暴利，这些来历不明的“黑钱”让一些暴富的人失去了平静和坦然的心态，人们为求平安而采取“有财不外露”的策略。有位依靠自身的便利条件、偷梁换柱地取得了雄厚的银行账号的“成功人士”宣称：“别看他的穿戴，要看他的银行账户。”他认为，在中国，成功人士的真正价值与他的穿戴和附件毫无关系。遗憾的是，这样的成功人士，并不是依靠自身的才能而走入成功人士的行列，不是我们所研究的对象，我们并不借鉴他的观点。

在中国的大多数商业交往中，有很多人会不自觉地夸大自己的实力。不过，请记住，你的听众还没有不礼貌到去查看你的银行账户，以证实你的可信度，而你的装饰小节却比你的账户更有说服力！十几年前，对于那些依靠政府权力部门人际关系运作一些有关基本建设项目的人来讲，和对于那些经营普通商品的“倒爷”来讲，人的外表及附件可能无关重要。但是，时代在变化，中国已经被时代大潮带入了世界文化的大都市，走进WTO的中国越来越多地进行国际商务和文化交流，那些国际商人不会理解你的穿戴与银行账户的区别，他们在用第三只眼睛观察、判断人的质量，那些有可能代表你的信誉的一切细节都让他们做出决定：信任你或者不信任你。

有人估计，到2005年，基本建设将达到饱和的状态，越来越多的现代人要步入以智力生存的行业，现代的经济人将代替手工作坊者，飞速发展的自由经济市场也在造就一批迎合国际潮流的新型商人，在人与人的交往中，个人的素质和价值要比产品更有说服力。精明的商人们从这些小节中判断一个潜在客户的财务状况和他成就的可信度。这是“放之四海而皆准”的关于商业形象的真理。

英格丽的客户英国人保罗在形象的改造过程中，不仅经历了服装的变革，也更新了他对于“无用的装饰物”的观念。保罗曾经坚决反对把金钱用在这些奢侈、豪华、昂贵的物品上，他认为：“我这块几十镑的米老鼠电子手表漂亮、准确，功能比那些昂贵的瑞士表还多、还省事、还准确。许多人戴这种豪华表的目的是为了炫耀自己的财富，而我已经足够富有（保罗要求不要公开他的财产数目），把我与别人区别开的不是表、衣服、鞋的牌子，而是银行账号的数目和房子的大小。”然而，在他为组建“远东对冲基金”而奔波于世界顶级的美林、高胜、JP摩根银行，均遭失败之后，保精明的商人们从这些小节中判断一个潜在客户的财务状况和他成就的可信度。

罗终于相信了形象在事业和人际交往中的作用。他说："他们看到我的表的那种眼神，我就知道他们并不相信我的成就和我的能力。他们的眼神好像在告诉我：'我们如何敢把巨额的英镑交给这个戴着廉价塑料表的小子呢？'"他终于买了块8000英镑的佩达·菲利菲瑞士名表。

在英国巴克利银行工作的克利斯特，出生在一个普通的香港人家。但是，他的父亲却一直告诫他："你身上的每一个小附件都在告诉别人你是谁。"他懂得"以小见大"在事业中的应用，对小附件的追求使他成为了一名"瑞士表专家"。因为自己的表，他得到交易层一位老板的赏识。在一次会议后，这个老板对他说："克利斯特，我有一块与你一模一样的表。"他们谈起了世界名表的品位，克利斯特对表的知识让这位老板找到了"知音"，几天后，梦想进入交易层的克利斯特如愿以偿。

一位房地产销售经理，主管出售北京的高价位房。他在实践中领悟了饰物的重要实用价值："让我判断有实力的买主和无实力、无诚意的客户的办法是看他们用的什么笔。一个随身携带真正万宝龙笔的人是有实力的，而一个用圆珠笔的人，则让我考虑观察。"英格丽在国内的法律顾问刘震是一个26岁的年轻律师，在首次见面中，跳入她眼帘的是他手中那枝黑色的饱满的万宝龙墨水笔。正如她的估计，那位年轻敏锐强有力的律师的能力是和他的笔相配的。

虽然说笔的作用在于写字，但对于中高层的人士，笔的功能却不仅仅是为了写字，它是你的代言物，它在告诉别人你是一个普通的人，还是一个优秀的人！如同表一样，一支精制的、金属制的墨水笔，就能醒目地把你从用塑料笔的人群中区别出来。不过，现在名牌赝品的出现已经严重地混淆了市场。但是不同于名牌服装的赝品，精致的饰物赝品还是不能够达到鱼目混珠的程度。用赝品和用圆珠笔的后果是要认真考虑的。

公文包，被称为商人的"移动办公桌"。在商业会晤中是商人们不可缺少的用具和饰物，我们几乎不能够相信一个两手空空走入会议室的人是怀有商业诚意的。当然，这不包括那些随身带着自己的秘书和助理的商业一个随身携带真正万宝龙笔的人是有实力的。

领袖。虽然随着时代的发展，人们抛弃了硬箱式的、正方形的公文包，但是，近似于标准尺寸的、皮质的公文包依然是一个商人的必备之物。一位外商在谈到中方商人的时尚时说：“很多中国商人用一个砖头大小的黑包，这是一个有趣的时尚。谈判时他们用马尼拉（牛皮纸）大信封装着文件，腋下还夹着这种让人奇异的小包。”尽管没有人强迫你用皮公文包，但一个见过国际世面的商界领导、律师、销售员、金融家等都会选择一个标准的皮公文包。没有哪个跨国公司负责人和杰出的政治家会在腋下夹着个只能够装手提电话和人民币的小黑包。一位上海的经理人称之为“土大款包”，并把它作为区分一个跨国公司经理和一个地方小商人的标志。

英格丽认为：“一个成功的男人，懂得他身上的任何修饰物可以成为他的增值器，也可以是减值器。”在同等条件下，把一个有品位、有艺术修养的追求完美的成功者和一个暴发的成功者区别开的是那些不起眼的小细节。一个大块耀眼腰带扣与一个设计大方传统腰带扣的区别是品位。

在商务形象设计的原则中，成功男人和女人的修饰物应该越少越好，本着“设计简单，质量精致”的原则。美国设计大师罗伯特·庞特认为：“少就是多！”饰物越少，越能够让人细心品味。配饰物如同画中的亮点，如果过多，会让人感到俗不可耐。比如，领带夹在现代已经被认为是品位不高的表现，而我们却常常看到很多公司的老总们依然戴着领带夹，这种多余的修饰物除了让人感到“过时”“土气”、画蛇添足之外，别无其他的功能。很多人误以为闪亮的金属领夹能够引人注目，从西服群中脱颖而出，遗憾的是这种注意力没有任何积极的意义。

西方的商业高层领导和政界领袖都不会选择领针或徽章。而领徽在中国男人中处处可见，美国形象设计大师乔恩·莫利先生在调查中发现，许多高层决策人对领针或西装上多余的修饰怀有敌意。任何多余的修饰物都会带来消极的影响。当然，目前美国总统的班子里大多数人都效仿布什总统，佩戴美国国徽式的领徽。这个领徽的作用是传播布什政权的国家主义精神，是一个政党的政治符号。如果你不属于任何政治团体，没有这样的只有中下层阶层才把品牌商标符号露在外边，避免带有太显眼的品牌 Logo 的附件。

标志更利于你的商业形象。

在西方，金融界、保险界、律师界、政界很多人士已经在服装和举止上做出投资和努力，他们可能会展示给我们一个较完美的形象，以致不能轻易地辨别他们的真实身份，正是这些小附件，让我们区别一个真正有身份的成功者和一个还在努力中的人，让我们辨别一个追求卓越的成功者和一个普通的成功者。

英格丽建议：

1.不要佩戴领带夹、领徽等多余饰品。

2.选用金属表，优质真皮或金属表链。黄金色表看起来优于白金表。虽然白金表被认为高雅，但易于与银表和不锈钢表混淆。

3.金丝边眼镜比塑料边的儒雅，不要选用粗、厚、宽的塑料框架的眼镜。

4.腰带要与皮鞋同色，腰带扣形状要简洁，不要把大字符的商标符号显露在外，只有中下层阶层才把品牌商标符号露在外边，避免带有太显眼的品牌Logo的附件。

5.公文包

——选用国际公认规格的公文包，放弃“砖头”包。

——选用深棕色或黑色的牛皮或羊皮包。

——外表杜绝一切花纹图案和文字，“花哨”意味着“低品位”。

——不要用肩背式、夹式或箱式的皮包。

6.笔

——买一支优质的高贵品牌的金属墨水笔。

——杜绝廉价塑料圆珠笔。

任何多余的修饰物都会带来消极的影响。

7.手套

——不要戴毛线、布料手套，只能戴黑色、深棕色皮手套。

自我提升形象设问

Enhance self-image Q

1.我是否穿西装戴着领徽？我是否戴领带夹？

2.见客户时，我是否用塑料圆珠笔？

3.我是否上班时戴塑料电子表？

4.我是习惯于夹着“大款包”，还是拎着正常尺寸的皮包？

第 15 节　魔鬼藏在细节中——剪掉你的鼻毛

对于将军或政治家来说，如果他们只注意大事而忽略小节，他们的结果也不会更好；如果没有小石头，大石头也不会稳稳当当地矗立着。

——柏拉图

整洁是一种地位标志。因为，保持整洁总要花费时间和金钱。

——艾丽森·卢丽

魔鬼隐藏在小节中。

——英国俗语

好习惯是一点一滴积累起来的。然而，这本身并非是小事一桩。

——芝诺（古希腊哲学家）

正是那些不被人注意的卫生小节，能够喧宾夺主地抢去人们的注意力。

托尼·王在美国一家保险公司任高级精算师，受中国某保险公司之邀，托尼前来中国商谈一些可能合作的培训项目。托尼提出与地方上的保险经理们见个面，以便更好地了解中国的保险业市场。托尼的要求得到了满足，在离首都不远的一大城市，某保险经理人的会客室，托尼见到了几个重要的负责人。

处女座的托尼非常注重细节和卫生，而那天会见的人，却着实给托尼留下了一个“难忘的第一印象”。他说：“那个主要负责人热情地坐在我身边，专注地介绍着中国保险业的前景，而我的大脑却无法离开他的鼻子，我根本没有听进去任何内容，我的思维全被那如‘红杏出墙’的鼻毛占领了！只要一看他的脸，我就产生强烈的欲望——要替他剪掉那扰乱我思维的鼻毛。我试图忘却他的鼻毛，把目光和注意力移到他头以下的部位，却又看到他肩上落着白花花的一层头屑，我忍不住地作呕。为了礼貌，我只好又把目光放在他脸上。整个上午，我的大脑中只有两个画面——黑鼻毛、白头屑。待到中午吃饭时，我生怕自己被安排在他身边，借口讨论技术坐在另一个负责人身边。”

美国形象设计师派力·戈方克在他的《男人的极度的风格》中比喻：“你即使穿着2000美金一套的阿玛尼西服，穿着200美金的意大利鞋，但是你的鼻毛却从鼻孔里伸出来了，你最好还是去穿一套沃尔玛的西服！”正是那些不被人注意的卫生小节，能够喧宾夺主地抢去人们的注意力，它们会比你那昂贵的西服和饰物更让人难以忘怀。那些平日养成的、被你忽视的不良卫生习惯可以无声地拆毁你自以为是优秀形象的基底。

个人的形象，不仅仅是由大节构成的，每一个小小的细节都展示给观察者一个无限的想象空间，它们在无声地揭露你的现状，悄悄地告诉人们你的故事。人们在它们的指导下，回忆你成长的历程、体验你生长的家庭和环境背景。一个从小不讲卫生和没有养成整洁习惯的人，生存的环境一定不属于中上等阶层。他的个人习惯不会让我们的感官愉悦，他缺乏基本细节的疏忽会为我们带来不可弥补的、不可言传的尊严的损害。

的素养，更谈不上品位和修养。如果在成年后，他还没有补上卫生习惯这一课，那么他的自尊和对别人的尊重会表现在哪里呢?

英国形象大师玛丽·斯皮莱恩说:“如果你不在早上花点时间注意细节，其他人会为你遗憾一天。”她阐明的是，细节的疏忽会为我们带来不可弥补的、不可言语的尊严的损害。我们精心装饰自己，保持干净、整齐，不但是对自己的尊重，也是对别人的尊重。还有人认为个人卫生与一个人的精神及道德修养程度有一定的关系。不论哪一个是前因，哪一个是后果，不讲究卫生细节的人像是在间接地宣告：“我不懂得人生的要义，我还没有进入人类的现代文明。”

你不一定要穿着最昂贵的西服，但是，请花一点时间整理这些不可言传的卫生小节吧！这也是对自己形象应该承担的基本责任，是至关重要的。那亚热带丛林般的黑色鼻毛不可阻挡地从鼻孔中伸出，会在心理上折磨别人的神经；那让人作呕的头皮屑会扰乱别人的平和的心绪！在纽约华尔街的主任级经理乔治·李就是由于不能够忍受别人的鼻毛的折磨，在面试一个杰出的、具有丰富的金融界经验的高级分析员时，寻找了一个“合理”的理由没有雇用这位中国博士。乔治对英格丽说：“自从你七年前在伦敦告诉我这些小节，它们已经成为我雇用人的一个标准。但是我遗憾地发现，不注重卫生小节的习惯在很多海外的中国人身上存在着！为什么很多人没有这种注重个人卫生的习惯?为什么他们像留胡子一样留着鼻毛?我对于这种不良的习性形成了非常强烈的个人看法。但是，我却不能告诉他们，这是我不能够雇用他们的理由。”乔治还“憎恨”另一种与鼻毛“同罪”的不愉快的现象，一位面试者一开口，就露出不洁净的牙齿。乔治对于中国旅行团在纽约的穿着也表示不可理解:“在纽约街上看到的一群中国代表团，常常在西服里面还穿着毛衣，脚下穿着旅游鞋。”

英国银行的经理大卫·王也是这样寻找了一个“合理”的借口，在大裁员中，让一位来自沙漠地带国家的助理离开了自己领导的部门。因为，大卫不能忍受“他在一星期的四天内都穿着一件衬衣，以至于到了夏天，不愉快的气味在破坏着成功人士神话般的形象。

他所发出的气味使得别人都无法走近他！”大卫还认为这样的职员一定在某种程度上患有精神忧郁症，否则，一个健全的人，是不会这样慵懒和糟蹋自己的。

在海外华人组织的春季和中秋的联谊舞会上，当中国的留学生们欢聚一堂时，总出现有些男士请女士跳舞屡遭拒绝的场面。不难听到女士们抱怨那些不讲究最基本卫生的男士们。一位女士说：“我与一位中国学者跳了一段舞，那是我有生以来感到最漫长的舞曲，他口中散发的味道几乎让我窒息，我不得不把头偏向一边，以避开他的呼吸，他是没刷牙，还是没钱去看牙医？”还有一位说：“望着邀请我的人的白衬衣和那上面泛出的污迹，闻着衬衣上散发的不可言喻的古怪味道，我真想告诉他，北美的水电这么便宜，为什么不勤换衬衣、多洗澡？”有时，有一两位西装革履、梳洗干净、气味清新的男士出现，他们总是女士们翘首盼望的“舞会王子”，是舞会上最繁忙的男人。

男人身上散发的气味是一个不得不拿出来讨论的话题。正是这些不起眼的小节会摧毁你那原本可以称为“伟岸”的形象。很多有成就的男人，腰缠万贯，身上却散发出古怪的、不清洁的气味，好像刚刚从贫民窟里走出来。这种不愉悦的气味在破坏着成功人士神话般的形象。其实，只要他们稍稍地注意个人卫生，每天能够洗澡，常换衬衣，并且能够适当地用一些古龙水，身上不再散发出那种破坏别人嗅觉的气味，他们的形象将是另外一幅景象。

大部分中国男人不喜欢用古龙水，因为他们认为香水是女人的专利，香水会让男人“女里女气”。如果他们能够保持每日洗澡，每半年去牙科医生那里洗牙，他们并不需要古龙水。源于法国的古龙水、香水正是为了解决当时法国落后的卫生条件，让贵族们用香味驱除那种由于长期的不洗不梳、由人身产生的恶臭而盛行的。

今天的西方人每天至少洗一次澡，美国人可能达两次，但是男人的古龙水依然生意兴隆。为什么呢？随着时代的变迁，古龙水有了新的用途，那让人作呕的头皮屑会扰乱别人平和的心绪。

它不仅仅是用于驱除臭味，而且是一个有格调、有品位、高雅的男士的正常消费品。男士们身上散发出的清淡的古龙水味道，让人们联想到："他是一个注意生活品位的人，他有雅致的情调。他是懂得自己的。"

英国政府协助东亚商务的阿里桑女士对英格丽讲："让我区别中国人与日本人的一个小节是男人的卫生，这是非常微妙的，当然这也不是绝对的。"大概她考虑到英格丽有中国人的自尊心，而强调"这并不是绝对的"。

其实中国男人在西方为我们树立形象的大有人在。美林银行伦敦的俄罗斯小姐玛蒂娜谈到曾做过她的前老板的比尔时说："每天清晨，比尔都是头发整齐、穿着笔挺的西装、散发着浓郁的东方保罗古龙水的神秘气味走进办公室，被这么一位看起来让人愉快、闻起来让人舒心的项目经理管理，繁重的工作并不让我感到沉重。"在瑞士银行的女博士西西里娅评价自己手下一位中国数量分析员彼德："他有几处让我们吃惊的：一是他高大的身材；二是他无可挑剔的穿戴和让人愉快的气味。我认为他是个有格调的男人，因此我推断中国男人很讲究格调。"

英格丽建议：

1.剪掉鼻毛，男人要每日洗澡、刮胡子。

2.每日换袜子，换内裤，不要等到它已经臭不可闻。

3.要经常换衬衣，不要穿领口、袖口有污迹的衬衣。

4.至少一个月理一次发，勤洗头，若有头屑，选用去头皮屑的特殊洗发液。

5.出门前，检查自己的肩上有无头屑和落发。

6.每日至少要在早、晚刷两次牙。

7.常去看看牙医，不要让口中成为臭味的发源地，做个敏感的人，常问自己："是否对别人的嗅觉造成污染？"

男人身上散发的气味是一个不得不拿出来讨论的话题。

自我提升形象设问

Enhance self-image Q

1.看到别人的头屑掉在肩头上，我有什么感受？

2.当别人口中或身上有气味时，我会有什么感受？

3.我该如何保持卫生、整洁？

4.我的衬衣有没有不起眼的污点？衬衣领子是否破旧？别人看得见吗？

5.商务会谈时，我是否注意自己的头发整齐？

第 16 节　女人穿着不当，保证她一定失败

女人不应该穿着性感的服装去上班。

——乔恩 · 莫利（形象设计大师）

穿着不当和不懂得穿衣的女人永远不能上升到管理阶层！研究证明，穿着得体虽然不是保证女人成功的唯一因素，但是，穿着不当却保证一个女人事业的失败！

——乔恩 · 莫利（形象设计大师）

不合时宜的性感会毁坏一个女性的权威和可信的形象。

在哈里法克斯银行工作了15年的妮娜是个英国和牙买加的混血儿，她拥有一个女人梦想的体形，极其性感的三围，还有迷人的、热情友好的性格，她在交易层上有非常良好的人缘，更重要的是，妮娜对工作兢兢业业，深受同事的喜爱和欢迎。

今年已经39岁的妮娜非常知道自己拥有女人的“特殊武器”，她无时无刻不在上班时展示自己的性感魅力。她每天都会穿着更加突出自己性感的衣服，紧身的黑裤子紧紧地裹住高翘的、宽大的臀部，弹性的紧身衣勉强罩住突出的胸部，她扭动着性感的腰身，婀娜多姿、坦然地走进哈里法克斯银行的大门。大学毕业15年来，她就这样进进出出这个银行的大门。当年的同事都早已升迁或者跳槽到了其他银行，妮娜至今依然在自己进来时的位置上，是个产品控制助理员，没有任何上升的趋向。在这个银行工作了15年的经验没有为她的职业生涯增加任何有价值的背景，她向猎头公司送去的简历毫无音信，要进入40岁的妮娜只好在这个不给自己任何机会的银行和这个毫无希望的助理位置上混下去了。

为什么一个有魅力、受人欢迎、工作能力并不差的女人15年都走不到管理层的位置上？妮娜所在的部门经理麦克虽然对她的工作能力毫无不满，而且还颇为欣赏，但是，他却从来没有提升妮娜的任何意图，而两年前来到这个部门的新手都已经变成了妮娜的项目经理。无论麦克多么繁忙，他都不让妮娜代表自己的部门去参加任何会议，而宁愿让刚毕业半年的托尼代替。麦克说：“我无法看到当她代表我的部门时，我们能够得到别人的尊重。她的性感会吸引太多的注意力，而这并不是我们期望的、积极的注意力。我无法想象，她这样的穿着如何能够坐在经理的办公桌后面。”同一个交易层另一个部门的经理西蒙斯坦然地承认：“我多么希望有人告诉她的丈夫，他的太太这样来上班，挑逗了我们的雄性。每当她穿着像潜水服一样的紧身衣和暴露着胸部的服装来到我们面前，我都无法专注于工作。”

没有一个人能够真诚地告诉这么一个元老级的职员，到底是什么让她不能够走向领导阶层，赢得同事和上司对一个职员的完全信任。正如西蒙成功的女人懂得，性感和信任感基本上是来自两个世界的词汇。

斯所说的："男人喜欢性感的女人，但是却不能提拔她们！"妮娜的性感让她付出的是15年来事业停滞不前的代价。

没有一个女人不期望像妮娜那样的性感，但是，成功的女人懂得，性感和信任感基本上是来自两个世界的词汇。很多女人认为，性感是让一个女人成功的秘密武器。因此，她们像妮娜那样，夸张自己性感的外表，以此来吸引男性的注意力，尤其是吸引男性老板的注意力。我们不能够责备一些女人有这种错误的概念，因为媒体上泛滥地传递着这样的信息，书市上也处处可见那些教女人如何利用女性魅力而成功的书籍。值得提醒女性读者的是，娱乐界是一个与商业界完全不同的领域，明星们需要的是别出心裁地引人注目。在西方，为了能够取得公众的注意力，明星们不惜自己制造丑闻。而在商业界，成功的形象所需要传递的信息是"信任和权威"，而这些正是性感和丑闻所能够毁坏的。在商业形象设计中，对于女性的第一警告就是，突出女人性感的服装是削弱信任和职业化程度的第一杀手。加拿大形象设计师海伦·布朗杰定义："裙子越短，权力越小。领口越低，权力越小。"我们大概很难发现一个公司的女总裁总是吸引人们目光，穿着高出膝盖两英寸的裙子、裸露半个胸部的紧身衣坐在总裁办公桌的后面。当然，值得一提的是，海伦定义的相反假设（裙子越长，权力越大）并不成立，职业化的着装一切都是本着"适中"的原则。

实际上，头脑冷静的女人会发现，依靠女人的性感从一个"灰姑娘"变成"皇后"的故事微乎其微，无论是世界杰出的男性领导人的伴侣还是在公司总裁办公桌后面的女性权威，没有一个是依靠女人的性感来取得其成就的。无论是希拉里、南希·里根、肯尼迪夫人（杰奎琳·肯尼迪），还是原惠普公司的总裁，她们展示给世界的是一个端庄、可信、不可触及的高贵的形象。

不合时宜的性感会毁坏一个女性的权威和可信的形象。2002年，英国的一次"最糟糕的十位形象"电视评比中，进入前十名的著名女人中，不依靠女人的性感从一个“灰姑娘”变成皇后的故事微乎其微。

是由于过于性感的服装就是过于不修边幅、过于缺乏品位的混乱搭配服装而遭到了观众的反感。英国首相布莱尔的夫人由于穿了一套过于突出女人形体的服装而不幸入选，那套V形领子的服装被人批评为领子过低，单薄的弹力布料过紧地裹住身体。电视节目的两位形象专家向首相的办公室发出了要为其做形象设计的邀请，遭到了办公室的婉言谢绝。

过分的性感是商业会晤和事业成功的杀手，但是，不修边幅的、不在乎外表的习惯也一样是抑制女人事业发展的因素。而这正是在一些中国女性中所常见的。她们忽略甚至完全不在乎自己的外表，常常不修饰自己，穿着质量低劣、没有风格和品位的服装就走进了办公室的大门。在我们的生活中，缺乏关于外表和礼仪的基本教育，很少有人告诉我们一个女人在各种场合下应该如何着装，没有人告诉我们着装不当的恶劣后果，我们的意识中没有这样的概念：引人注目的、高质量的、有品位的外表让别人尊重你，女人的着装反映了一个女人的能力（虽然这并不是真理），出色的外表对女人的事业起着推波助澜的作用。因此，很多女人并不对自己的外表付出任何努力，其结果是她们为自己的事业付出了代价。还有很多女人依靠自己的本能，选择了自己认为最得体的服装。还有很多女人在对服装的选择中，并不考虑服装对于事业的影响，而仅仅考虑到实用和舒适。更加让人遗憾的是，当一个女人穿衣不当、不修边幅时，却很少会有人直率、真诚地告诉她，这样的着装会破坏她的事业发展。因此，很多兢兢业业的女人根本不知道自己的事业长期停滞不前的重要原因。

数学女博士韩杰在英国的一家投资银行做数量分析员已经八年了，她的同事鲍勃这样描述她：“自从我第一次见到她，她就穿着那件看起来质量不高的黑色西装夹克，衣服上还留有一点印记，仿佛是喂孩子时留下来的，她的头发也不是认真梳理过的样子，脸上更是从来也没有修饰，她好像从来没有意识到自己是个女人。在这个十分注重形象的银行中，尤其是在精心修饰、衣着突出的英国同事中，她显得就像个毫不起眼的清洁工。”八年的时光，她的外表没有任何的改善，至今她依然在八年前的位置上舒适地停留着。遗憾的是，因为尊重韩杰的自尊心和私人空间，鲍勃却无法告诉她这个血淋淋的现实。

形象设计大师莫利先生在进行了30年的调查和统计中发现了一条导致女人失败的致命真理：穿着不当，保证一个女人在事业上的失败！或许你会举出男人不修边幅，但是依然取得成功的例子。我们不得不承认这个不公平的现实，社会对于女人和男人的期望也不是那么公平，人们在无意识之中会低估一个不修边幅的女人的能力，服装对于女人事业发展的影响远远大于对于男人的影响。莫利先生的研究发现，服装对于女人、个子矮小的男人、身材肥胖的人影响最大，服装对于管理阶层的人影响更大。对于处在管理阶层的女人而言，杰出的外表是她们成功不可缺少的保障。但是莫利却发现在职场上，大部分的人却不是为了成功而着装，这也就不难让人理解，为什么大部分人是被管理者，而管理者和领导却只是少数。

2003年，针对女人的职业化着装问题，英格丽为法国杂志《费加罗》的中文版《虹》主持了几期专栏《请问英格丽》。读者提出的大部分问题都是时尚与职业服装的关系，如何通过服装增加自己的职业可信度？如何通过外表的修饰弥补女性缺乏权威的弱势？小个子的女人如何才能够有震撼力？不化妆就不职业化吗？娃娃脸的女人怎样才能够看起来更成熟？渴望权力的女人又热爱时尚，怎么解决这个矛盾？显然，着装的问题困惑着很多寻求成功的女性。

在英格丽的经历中，发现很多女性管理者渴望从任何一个方面强化自己的权威和可信度，她们对于自己完美形象的追求如同对于事业的追求一样强烈。毕业于伦敦商学院的伊莎贝拉博士身材瘦小，还有一张可爱的娃娃脸，这两个特点都削弱了一个女人在外表上的权威感。身为某大投资银行市场分析部的主任经理，伊莎贝拉更加渴望充分利用每一个细节来强化自己作为管理者的权威形象。她的衣橱里，充满了世界顶级品牌的服装，但是她的服装都有一个共同的特点，西装上衣过长，西服套裙超过了膝盖。这样的西服套裙再加上她一头过肩的长发，都强化了她并不高大的身材。

服装对于女人事业发展的影响远远大于对于男人的影响。

和任何一个女管理者一样，伊莎贝拉不希望在形象改变后与自己原来的形象有太大的变化，以至于别人会认为她变成了另一个人。在与英格丽共同商讨后，为了自己的权威和事业，她接受了英格丽的建议，把那些瘦长的西服上装改短到不过臀部，把过膝盖的裙子缩短了两英寸，并且剪掉了过肩的长发。经过改造的伊莎贝拉看起来比原来高大了，职业式的短发留给别人现代、精干、高效、职业化的印象。虽然她并不喜欢化妆，但是，英格丽强调："在商业形象中，女性对于自己的基本修饰首先是对别人的尊重，然后是对自己的尊重。化妆是女人修饰自己的重要标志。在雄性的商业社会中，化妆也是一个女人保持女性身份的一个重要特点，一个职业女性应该懂得职业化妆的诀窍。"她采取了英格丽的简单化妆法，每天花五分钟简单地修饰自己的面部。伊莎贝拉的形象"再生"产生了巨大效果，她兴奋地告诉英格丽，她得到了别人的赞扬："你看起来很有精神！"

英格丽认为，对于女人而言，在商业、职业的形象设计理念中，基本原则应该是"为了成功而穿着"，而不是为了性感、时尚而着装。我们并不反对女性的美丽和性感，但是商业和事业并不是让女人展示女性美丽的活动，在外表和心理上过分地强调女人的美丽会悄悄地削弱一个女人的权威。

英格丽建议：

1.建立"为成功着装"的哲学。

2.请不要让这样的服装削弱你的可信度和权威，不要穿着它们走进办公室：

（1）领子低到可以看见你的胸部，它过于吸引人们的目光；

（2）裙子高于膝盖两英寸以上，以至于坐下来时你不得不双腿紧紧并拢。请把你的超短裙留在八小时以外；

（3）布料太轻薄、透明的、紧包着身体的衣服，和没有穿衣服的区别并不大；

（4）西服、裤子、裙子有过于醒目的花卉图案；

（5）任何带有品牌印记的服装；

（6）衣服领子上过多的花边、装饰物；

（7）尺码不合身材、过于宽大或者过于紧身的服装；

（8）破旧的、带有印渍的、不清洁的、带有古怪味道的服装。

3.不要盲目地追求时尚，如果时尚与权威和可信度相冲突，请选择保守的、有权威和可信度的服装。建立一套有可信度和权威感的基本“衣橱”。（请参看《不修边幅的人在社会上是没有影响的——你就是你所穿的》一节后“英格丽建议”。）

自我提升形象设问

Enhance self-image Q

[仅对于女士]

1.我上班穿衣的原则是什么？是为了性感而引起男人的注目，还是为了得到尊重？

2.我的裙子长度是否在膝盖2公分以上？

3.我是否穿着紧身衣、半透明的服装上班？

4.我的胸口是否低得足以看见乳房？如果我看见一个女人如此穿着，我会如何看待她？

沟 通 篇

第 17 节　你刺耳的声音让我头痛！——声音是人类交流中最有力的乐器

99% 的人不能出类拔萃是因为他们忽略了对噪音的训练。他们认为这种训练不具有任何意义。

——格莱斯顿

声音是人们交流中最有力的乐器。

——佚名

带有浓厚的、难懂的地方口音，会影响你与他人交流的效率。

海伦是个38岁的漂亮的阿根廷人，她刚刚晋升为英国某银行股市信息部主任。海伦非常自信、独立，她对自己的事业充满了抱负和展望。在这个雄性主宰的金融业，如同很多高级白领丽人一样，她追求完美、卓越，以获得同事和下级的尊重，她努力开发一切能够为她增加领导力的资源。

海伦出身于一个良好的家庭，她坚信个人形象能够产生巨大的领导力。因此，在个人的外观形象的建立上，海伦付出了极大的努力，她要求形象设计师让自己身上的每一个部件都发挥“权威”的作用。她达到了自己的要求，一个无可挑剔的、现代的、强干的女管理者的形象。当英格丽委婉地提出她的声音可以重新训练，改变了发声后，会在听觉上为她增加“权威”时，海伦认为这无关紧要：“我从小就这样说话，我已经没法改变了。”确实，没有人告诉漂亮的、风度翩翩的海伦，她还有美中不足之处——那就是海伦的声音又尖又细，如同一个十几岁的女孩，这与她强大、独立的性格和一个管理者的外在形象格格不入。她领导的小伙子们在背后称她“小海伦”。在她组织会议后，她开始注意到自己的声音确实产生不了权威。当别人争论，她试图插话时，别人好像根本就听不到她的声音。在电话中，人们常常误以为她是一个年轻的秘书，这让追求完美的海伦感到自己的权威并不被别人承认。同事丹尼尔说：“她那刺耳的声音与她职务和外表毫不相称，每当她失去耐心时，声音更是变了质，听起来像一个十五六岁的女孩，而不是一个38岁的、成熟的、有权威的女人。”3个月后，追求完美的海伦终于不能再忍受自己的声音在破坏“权威”的形象，她决定自费去找演讲家学习新的发声法。她说：“不到这个位置上，也许我永远不知道我自己声音的缺憾。虽然在38岁学习发声是件让人惊奇的事，但是我别无选择。”

西方沟通学家把声音称为“沟通中最强有力的乐器”，然而很多人却不知道自己的声音是“乐器”还是噪音。由于声音有着这么重要的作用，西方世界成功的政治家们都知道如何运用声音的魅力去蛊惑选民，很多音很多音质不美妙的政治家都经历过用各种方式来提高、改善自己的音质。

质不美妙的政治家都经历过各种方式提高、改善自己的音质。在英国，人人皆知“铁娘子”撒切尔夫人曾经有过与海伦相似的“改声”经历。在进入政坛担任重要角色后，撒切尔夫人那不悦耳的尖刺的声音，曾经一度影响着她作为大英帝国保守党领袖的形象。无论在哪个国度，一个领袖在选民和老百姓的心目中都有着近乎神话般的形象，他不仅要仪表堂堂，他的声音也应该深沉、坚厚，散发着磁性、诱人的魅力。撒切尔夫人作为女政治家，她的外表和风度几乎无可挑剔。只有这让人的听觉受到刺激的声音影响了人们对她的喜爱度，为了在选民们的听觉上展示一个有力量、有权威、可靠的女政治家形象，她在音质专家的培训下，重新练习发声，改变了原有的尖细音质。

演员出身的里根总统是幸运的，他得天独厚地拥有一副磁性的、音域宽广的好嗓音，再加上他那富有感召力的表演技能，里根仿佛并不费力就赢取了选民，他轻松地挫败了在音质和形象上都不如自己的对手——民主党领袖杜卡斯。成功的美国总统都有着让人易于分辨的独特音质。克林顿总统的声音独特、沙哑、浑厚，他知道如何运用这种略带嘶哑的声音去深入民心，他的表演天才让西方的心理学家认为，克林顿才应该获得奥斯卡大奖。在大选前，他铿锵有力、朝气蓬勃，听起来就是一个强有力、可靠的、能带来朝气的、能够实现人民愿望的总统。但是，在与莫尼卡的性丑闻中，他强化了沙哑的声音，用疲惫的语调恳求民众：“请让你们的总统工作。”听起来让人们不得不原谅和同情他。以至于一个女观众在被采访时，几乎哭着呼吁媒体和美国人民：“请不要这样对待我们的总统！”

曾在美国纽约参加竞选的女议员杰拉尔丁，就是由于不能有效地通过语言和声音向选民们描述她的政治蓝图而失败的。在选前的民意统计中，80%~90%的被统计选民认为她的声音不但不具有魅力，反而让人感到不舒服和反感，更何况她的声调、语言也都不具有感染力。想一想，一个政治家如果一张口就发出让人头痛的刺耳的声音，她怎能让选民保持稳定的心

一个动听的声音应该是饱满的，充满了活力，能够调动他人的感情。

境听完她的演讲？又怎能让人们爱戴她，投她一票呢？

一个动听的声音应该是饱满的，充满了活力，能够调动他人的感情。声音还可以反映出人的心态。细小、单调、乏味的声音，能够轻而易举地催人入眠，它表现了说话者可能缺乏自信。软绵绵的声音能够“沁人心脾”，它的主人更适合于在花前月下倾诉衷肠，而不是在众人仰望的领导位置上。音质宽厚、语调抑扬顿挫的声音，可以放射出独特的性格魅力，并且提高交流的效果。BBC电视在一个节目中，播放了几位世界级领袖人物的演讲片段，包括肯尼迪、丘吉尔、撒切尔、伊丽莎白女王、马丁·路德·金等，要求听众辨别他们的声音。被测的人都能够准确地说出他们的名字。因为这些有巨大威望的领袖们的声音都音质独特、有权威感，他们的声音也是吸引追随者的魅力之一。

在西方世界，优秀的电视播音员和电视节目主持人并不是以靓丽的脸庞和青春的年龄而赢取观众，他们最大的财富来自他们的才智和独具特色的声音。他们的声音如此独特、悦耳、舒心，它让你“过耳不忘”。他们的声音不仅仅传递“信任、成熟、可靠”的信息，也是保持电视观众收视率的原因之一。而在中国，目前很多电视栏目一味追求年轻、秀美的青春形象，而忽略了声音的魅力和才智对形象的影响。很多二十多岁的女主持人，尖脆、刺耳的声音，让我们不得不频繁地调换频道。

深厚、宽音域的迷人声音能够强化你的美好形象，保持人们对你的积极的注意力。而尖利刺耳的声音在悄悄地毁坏你的形象。谁愿意让那种高频率、窄音域的声音刺激我们的双耳，扰乱我们的神经系统呢？据一位医生朋友解释，某种声音的频率确实属于噪音的频谱，它诱发人们产生不安的情绪，能够引起我们撕裂般的头痛。

心理学家的研究发现，人与人之间的交流58%通过视觉，35%是通过听觉来实现的，只有7%是我们实际的语言。35%的听觉交流是通过如何来表达语言，它包括音质、音频、语调、语气、停顿等，这些被称为副语言。在电话交流中，声音占交流效果的90%。因而很多通过电话销售的公司对雇员的第一要求是具有独特、动听、有魅力的声音。因为宽厚、低沉的声音让人感到有权威、可信、可靠。如何运用声音交流还可以揭示你的性格是友好、热情、诚恳还是冷酷、无情、狡猾。顾客可以通过对声音的印象判断公司的性质、职员的专业化程度、服务态度等，声音在电话中向客户描述和展示公司的形象，那种沉稳的声音，让人感到公司有信誉、安全。

在西方的领导力训练中，声音的培训是极其重要的一个内容。英国银行的比尔在参加了领导力训练之后，发现平日里自己颇为骄傲的声音，并不是像自己想象中的那样有力度。训练中的录音和教练的评论，让比尔意识到这种来自喉咙的声音不能够展示自己深沉的力量，比尔也像海伦一样开始了重新发声的训练。富有磁性的、可信、响亮、有力的声音并不是来自喉咙，而是需要腹腔的支持。教练还训练比尔采用抑扬顿挫的语调来打动听众（无论是在公众面前讲话，还是在私下的交谈中），比尔每两天都要花 20 分钟，激情万丈地朗读莎士比亚戏剧的精彩片断。男人比女人更难以用生动的声音和词汇表现自己，这也许是因为男人比较理性，女人比较感性的缘故。如果想要建立权威，平日里要注重选用那些生动、有活力的词汇，养成良好的习惯。几乎所有杰出的政治家、宗教领袖及商人都有杰出的口才，他们声调抑扬顿挫、充满激情，非常有渲染、煽动的作用。

一般来讲，地区口音应该努力克服。在英国这个典型的等级分明的社会，带有浓重的东区伦敦口音的人，会为自己的口音付出代价，他们需要一定的努力建立自己应有的权威。这是人类的一个通病。在人们心目中，来自贫困或低收入地区的人永远带着一种“贫困的光环”。幸运的是，在中国没有明显的歧视带有地方口音的倾向。但是带有浓厚的、难懂的地方口音，会影响你与他人交流的效率。

在未见面的情况下，有力度的声音能够传达这样的信息：“我很可信！”曾因阻拦警察给自己开停车罚单，英格丽的朋友乔恩以“扰乱治安”罪名被送上多伦多的法庭。紧迫中的乔恩只能够从电话本上寻求能解救自那种沉稳的声音，让人感到公司有信誉、安全。

己的法庭律师。他说："在电话中律师们给我的答案大体相同的情况下，我以对方的声音和语气来判断他们的能力。我之所以选择为我辩护的女律师，是因为她声音如同现代歌星安娜·史塔莎一样浑厚，而语气如同巴顿将军那样斩钉截铁般果断，我相信她一定能在法庭上证明我无罪。"乔恩戏称她为"鳄鱼女人"，事实上，正是这个"鳄鱼女人"使法官相信乔恩不是"扰乱治安"的地痞、无赖、混混儿，因而免去了乔恩到社区义务劳动的惩罚。

英格丽建议：

由于大多数人忽略了声音的效应而不付诸实践进行声音训练，请你用录音机录制一段自己的讲话，自我检测并分析下面这几点：

1.语调是否抑扬顿挫？你要对自己所讲的话题充满激情，否则，平淡、乏味的语调会如同念经文一样催人入眠。

2.声调是否太尖、太低？高尖的声调会刺激别人的神经，让人感到头痛反感，请别把力气都集中在嗓子眼上；低沉的声调让人忧伤，请不要有气无力、半死不活地说话。最好向声音教练请教如何运用腹部和胸腔的力量。

3.音量是否太大、太小？太大的音量会让人头痛、让人感到咄咄逼人而惹恼对方；太小的音量不但别人听起来费劲还显得没有权威。问一问你的朋友，你的音量大小是否适中。

4.速度是否太快、太慢？太快了不但让人听不明白，还显得你不稳重；太慢了不但让别人失去兴趣和耐心，又缺乏生气。模仿电视台的播音员的语速。

5.讲话时适当停顿，留下让别人反应的时间，这也可以强化重点。

6.尽量避免地方口音。有地方口音的领导人，易于让喜剧演员抓住特征。美国总统布什的德州口音就最容易让人模仿。

7.用准确精练的语言，要避免：

如果想要建立权威，平日里要注重选用那些生动、有活力的词汇，养成良好的习惯。

（1）口头语或“口头禅”；

（2）发音错误；

（3）不文明的脏话等。

8.如果你对自己的声音不满意，请寻找声音教练或者歌唱家改正发声方式。

自我提升形象设问

Enhance self-image Q

1.我是否关注过自己的声音？

2.我声音的音质是怎样的？

3.别人如何看待我的声音？

4.我是否有严重的地方口音？

5.我喜欢谁的声音？为什么？

6.我不喜欢谁的声音？为什么？

第 18 节　你只要一张口，我就能了解你——闲谈中的形象

语言最能表现一个人，你只要一张口，我就能了解你。

——本 · 琼生

做每件事，说每句话，都要注意到你每时每刻都可能结束你的生命。

——马克 · 奥勒留（古希腊哲学家）

愚蠢总是在舌头跑得比头脑还快时产生的。

——奇伦（希腊哲学家）

闲谈的目的为的是找到双方更多的相似之处，缩短在正式而呆板的商业活动中保持的距离。

安妮是一个出生在英国的孟加拉女郎，她通常给人留下一个亚热带人特有的温暖、热情、直率的形象。她从伦敦大学MBA毕业后，就顺利地在一家日本银行做了经理助理。三个月后，她就失去了工作。很快，她又找了新的工作，三个月的考查期一到，她又失去了工作。在两年之内，她被解雇了六次。两年中，她已经由一个白领经理助理变成了服装公司的催款员，但她依然没有保住这个连高中生都可以胜任的工作。受到巨大打击的安妮最后决定放弃寻找工作，结婚做个母亲。她百思不得其解自己一再失业的原因，她把一切失落都归于外界："我的热情和善良让我不能适应大公司的那种冷酷竞争的和没有人情味的环境。"

为什么一个"热情善良的"名牌大学MBA毕业生在每个工作位置上都不超过三个月就被解雇了呢？不仅如此，她连最基本的朋友也都不能留住，她自认为是朋友的人却纷纷离她而去。当与她熟知的人们得知她最后一次被解雇时，都表示这是早已在预料之中的，人们并不感到奇怪。

来自于俄罗斯的阿丽莎曾与她是同事，她与安妮有过一段密切的交往，阿丽莎说："她对探讨别人的隐私的兴趣超出了对自己工作和前途的关心，她闲谈的能力和话题让人畏惧；她能告诉我那些道听途说的有关同事的隐私，她能谈我们在公众场所禁忌的问题；她能问及我不愿意讨论的私人问题，她把自己对某人的推论和猜测，不负责任地讲给别人听，比如认为某某可能是同性恋，某某可能是个性虐待狂。她给我一种恐怖感，与她交往，除了招惹麻烦，不会有其他的结果。"只与她见过一面的亚当斯说："虽然我们只见过一面，我就相信不会有哪个老板愚蠢到让她做雇员。虽然她看起来热情、友好，但她的舌头的破坏力是不可估量的，她的好心和热情会为我带来意想不到的恶果。正如《伊索寓言》中的两个罐子的故事：一个是瓦罐，一个是铜罐，在河里漂着，顺流而下。铜罐说：'挨着我，我身强力壮，我可以照顾你。'瓦罐回答：'谢谢你的好意，那恰恰是我不愿干的事，如果你离我远点儿，我会平平安安地漂下去。如果我撞了你，我就会碰碎，好心也会办坏事。'"

在任何有人参与的活动中，你的一言一语无时无刻不在告诉人们你是谁。

闲谈是任何人都避免不了的沟通交流活动，是加深人际关系、促进了解、增进友谊和感情的不可少的手段。但是，闲谈并不是没话找话说，不负责任的闲话，不经过大脑就跑到舌头上的语言，会让人付出巨大的代价，或者是无意识地伤害了别人的感情，或者是破坏了和谐的人际关系，或者是直接缩短了事业的寿命。沟通专家认为，闲谈的目的为的是找到双方更多的相似之处，缩短在正式而呆板的商业活动中保持的距离。

虽然你以为自己并没有坐在会议室内和办公桌前，因而放松了思维的警惕，口无遮拦地、肆无忌惮地让词汇喷涌而出。请永远记住我们的一再忠告，在任何有人参与的活动中，即使是非正式的闲谈中，你的一言一语无时无刻不在告诉人们你是谁。你就像电影屏幕上活生生的演员，你的台词已经把自己列入了特定的角色。人们或者喜欢你，或者排斥你。只是很少有人会直率地告诉你他们的真正看法。

借鉴那些处处受到人们欢迎的“社交家”的经验，我们就知道在闲谈中应该如何表现。英格丽的朋友法国古董商皮埃尔被朋友们称为“社交润滑剂”（social smother），他一张口就能够调动起别人的愉悦情绪。然而，皮埃尔并不是口若悬河、无的放矢的滑稽大王，他有自己的一套“润滑原则”：“我在谈话中努力寻找对方感兴趣的话题。我先询问别人的兴趣，如果恰好我对他的兴趣在行，我们很快就进入状态。由于对歌剧、品酒、油画和古董知识的了解，我结识了不少有经济实力的潜在客户，开拓了新的商业机会。”皮埃尔认为：“闲谈是建立个人良好形象的最好方式。因为它能够让人轻松、愉快地，以最快、最简捷的方式消除人与人之间的距离。这是我与客户建立个人关系的唯一方法。”

“语言最能表现一个人。你一张口，我就能了解你！”美国人本·琼生在 17 世纪精辟地总结了交谈中的秘密。另一个美国人约翰·布鲁斯克在《格调》一书中精辟地总结了人的言谈可以揭露自己的成长秘密：“一个人的言谈永远是他的家庭背景和社会地位的告示牌。”哲学家葛拉西安在他的《智慧书》中危言警告：“没有一种人类活动像说话一样需要如此谨慎小心，因为没有一种活动比说话更频繁、更普通，甚至我们的成败输赢都取决于此。”我们中国的先人也含蓄地告诉我们：“听其言，知其人。”通常人们能从交谈中了解你的思想脉络和个人修养，不论你有多大的成就，你的财富有多少，你的教育程度有多高，你的言谈有声有色地描述着你的故事，一笔一笔地勾画着你的形象。

交谈是判断一个陌生人的社会地位、生活、成长背景和可信度的最有效的工具。谈话的内容和技巧也是一把衡量人的真实品格的精密尺子。你所涉及的谈话内容、你所选用的语法、词汇、语音、口音等等，都像画笔似的在一笔一笔绘出你的形象，在人们的意识中构造你的背景。只有那些雅俗共赏的、不带有个人攻击性的、不存在个人偏见的、不带有强烈的政治和宗教观点的、不具有性别歧视的、不带有淫秽色彩、不给人们的灿烂情绪上播撒忧郁的内容的谈话，才不会抹杀你优雅的形象。

英国与中国是两个闲谈文化浓厚的国家。人们会把闲谈作为休闲活动进行，无论你是什么人都免不了要参加“闲谈活动”。但是“闲谈”并不意味着放松轻闲地谈论任何工作以外的话题。不同的闲谈方式和内容也是导致成功与失败的秘密之一。安妮在两年之内六次失去工作就是由于不懂得什么是闲谈之忌。

奥地利女律师克劳蒂娅遇到过一个“哪壶不开提哪壶”的人：“那是我第一次，也是最后一次遇到那位不敏感的人，甚至是可憎恨的人。他毫不知趣地问我奥地利人是如何看待希特勒和今天的德国人，这是奥地利人和德国人都一直回避的问题。而我的对面正坐着的是一个德国人。正如中国人如何看待日本人一样，我们有着被德国人侵略的历史，我们有民族情绪，但是我如何当着德国人的面真诚地回答？”然而这位问话者却认为这种话题可以活跃当时的气氛。任何一个场所与同事、新朋友之间闲谈的每一个话题都是有目的的，话题应该起着缩短谈话人的距离、消融隔阂的作用。一个人选择的闲谈话题，显示出他的个人修养、知识水平和社交技能。一个聪明、高尚的话题，会衬托你的形象；一个引起争端或者低级趣味的一个人选择的闲谈话题，显示出他的个人修养、知识水平和社交技能。

话题，会毁坏你的形象。

什么是闲谈之忌呢？什么样的话题能够抹黑你的形象呢？对于成功阶层和中上层阶层的人而言，你的话题应该与你的地位和你渴望的地位相符合。向皮埃尔学习“社交润滑”的能力，就要先避免那些招惹是非的话题。皮埃尔“不在任何场所，讲任何人的坏话，不传播任何坏消息，即使是纽约世贸大厦被飞机撞毁的消息，也由新闻记者去传播吧。我只谈那些能带给人们欢乐和他们感兴趣的话题。没有比谈论别人的缺点更破坏自己的形象的了”！永远不要把别人和你自己的私生活当成海鲜大餐一样与人共同品尝，永远不要用消极的口吻议论任何人，永远不要把“黑色的悲伤”消息传递给任何人，做个敏感的人，不要触及别人不愿意谈论的话题，不要专揭别人的痛处，不要乐不可支地传播黄色笑话，现在中国社会上流传着很多笑话，但有相当一部分有损于传播这种笑话人的形象。比如，有关民族团结和性的笑话，它们暂时能够博得人们的一笑，但却给人留下一个不够稳重和没有品位的形象。

那么，我们到底谈论什么才不触犯“地雷”呢？目前在世界银行一投资部门工作、主管拉丁美洲区的投资官员戴比说：“我每日都在与不同的人打交道。很多商业谈话是以闲谈开始，以闲谈结束。我避免与任何持不同意见的人争论，我从不否认别人的意见。我寻找经济、政治、体育、天气等好消息与对方谈论。这种话题永远中立和安全，要相信别人也如同我们一样在闲谈中评判别人。”

即使朋友，也不要以为就可以敞开胸怀、无所不谈，不要把别人当成不付费的心理医生。詹姆斯和凯丽在认识四个月后，就分道扬镳了。詹姆斯说：“她热爱谈论她自己的工作和生活，但是话题全在那些鸡零狗碎的琐碎小节上。从她的闲谈中，我认识到了她的人生哲学和为人的原则、思维方式，把我的宝贵时间花费在谈论那些与我毫不相干、复杂而又不美好的实用主义的人际关系上，使我们的友谊没有前途可发展。”

交流沟通专家认为，有很多话题是社交谈话之忌，这样的话题会非常严重地损坏你的形象，其长远后果是不堪设想的。

英格丽建议：

1.应该避免的：

（1）不要过多地谈论自己的生活、事业、前途、规划，不要把话题放在自己身上，很可能对方对你个人并没有兴趣。而且，谈论自己很可能会显得自夸，让人感到你的虚荣和愚蠢；如果你过于谦虚甚至自贬，又无法得到应有的尊重。

（2）不要谈不利于宗教、民族团结的话题，这个敏感的触点，在显示给别人对你的态度和特定的思维方式。

（3）不要帮助传播坏消息，不要谈论不吉利的事，如死亡、犯罪、车祸等等，有人会认为这是不吉利的象征。

（4）不要喋喋不休地讲述别人没兴趣的、漫长无边的事，如果听众没机会找借口离开，不得不听你讲述，他实际上是在承受折磨，你会吓跑一个潜在的朋友。

（5）不要开有关性的玩笑，虽然今天大部分人可以接受，并会感到非常有乐趣，但是留下的坏影响是不可挽回的。

（6）不要问及别人的隐私，如工资、年龄、婚姻等。中国人可能不好意思像西方那样以“这不关你的事”而回绝你，但这种问题侵犯了别人的私人空间，会让人心中不舒服，而且，会显得问话者毫无修养。

（7）不要谈论共同相识的人的消极一面，尤其不要在背后对别人作消极评论，那样会使你陷入危险境地。

（8）不要向别人诉说自己不幸的故事，若有问题，请找心理医生，不要把自己的垃圾毫无代价地扔给别人，贪图了一时的痛快，却影响了别人健康的心理生活；也不要把自己的消极一面展示别人，在你美好的形象上留下个阴影。有很多女人认为这是增加友谊的一种沟通，但是，事实证明，交谈是判断一个陌生人的社会地位、生活、成长背景和可信度的最有效的工具。

从长远来看，一个人暴露自己的隐私和弱点，会造成心中的不安全感，友谊不但不会因此而发展，反而埋下了破裂的种子。

2.应该谈论的：

（1）别人所在行的，别人有兴趣的。

（2）别人有兴趣的、知识性的话题。

（3）中性话题，如天气、经济状况、世界政治局势、体育新闻。

（4）有品位的个人爱好，如品酒、高尔夫、古典音乐、收藏。

（5）任何鼓舞人心的、积极的消息。

（6）别人的优点。

（7）多听少说，把说话的机会留给对方。

自我提升形象设问

Enhance self-image Q

1.我是否在谈话中习惯于问别人的工资、婚姻、年龄等等？

2.我是否喜欢发表叛逆性的政治、宗教观点？

3.我是否注意不在背后谈论别人？

4.我是否把自己的隐私告诉自己的同事？

5.我是否过多地谈论自己的前途和计划？

第 19 节　不要让你的舌头超越你的思想——先学会听，再学会说

不要让你的舌头超越你的思想。

——奇伦（古希腊哲学家）

大自然赋予人一条舌头和两只耳朵，为的是让我们多听少说。

——佚名

大音希声，大象希形。

——老子

一个善于沟通的人首先应该是一个听众。

丹尼尔是个热爱世界各国文化的英国人，每个月他都组织周末家庭小聚会，让来自各国的朋友互相认识，交流文化。一天，丹尼尔请了自己的朋友——一对美国夫妇、一位德国记者、一个中国朋友和一位波兰女士在家共进晚餐。在人们互相介绍寒暄之后，大家基本上都了解了对方的姓名和工作性质。

当晚餐开始时，在餐桌上波兰女士又开始逐个问及客人们的情况："对不起，你刚才说你是做什么工作的？"在座的人又一次重新介绍自己，她时不时地在人还未讲完话时就插话："噢！这让我想起了……"然后，不经思索、喋喋不休地道出一段毫不相干的故事。礼貌的客人们耐心地听她无穷无尽的乏味故事，善于平和局面的丹尼尔不时地找借口接过话题，以便别人有讲话的机会。

丹尼尔问美国朋友："艾丽，听说你最近组织了一个慈善活动，为非洲儿童捐款。怎么样了？""噢，可怜的非洲儿童，他们生活在不可想象的条件下……"波兰女士未等艾丽回答，又接上了话题。

"请喝酒，"丹尼尔又礼貌地找借口截住了她可能会无休止进行下去的话题，"克里斯多夫，你太太在柏林怎么样？"丹尼尔问德国记者。"她快生产了。"德国记者回答。

"噢，上帝呀，她一定要小心难产，当年我生宝宝的时候，发生了难产……"波兰女士又一次接过了话题，这一次，她飞快地讲着，再也没有留给丹尼尔可以插话的机会。客人们吃着美味的晚餐，听着血淋淋的难产故事。很快，美国夫妇和中国朋友找借口帮助清理餐桌，躲进了厨房不再出来，只留下可怜的德国记者在全神贯注地分享她劫难的故事。

事后，丹尼尔说："我非常抱歉，今天晚上的谈话失去了控制。"美国夫妇说："一个让人难以忘却的女人。"从此，这个波兰女士再没有出现在丹尼尔的家庭晚会上。

在我们的身边，不难发现像这位波兰女士这种热衷于抒发自己、不在我们所说的首先应该与倾听相关或者来自于所听的。

乎别人耳朵的承受力的人。他们的舌头就如同一个上了发条的永动机，滔滔不绝地排泄头脑中的词汇，他们毫不注意观察别人的反应，不停顿、不间断地讲话，不留给别人插话和问话的机会，仿佛他们生来还没有如此地得到过别人的注意力。他们根本不理解我们不是他们在公众演讲时的听众，他们根本不知道我们是在沟通、交流。沟通、交流（communication）的前缀（com）在英文中包含了“共同参与”的含义。而他们却像一个舞台上的独角戏演员，把每个人都当成了热衷于自己冗长而乏味的故事的听众。

沟通心理学强调，一个善于沟通的人首先应该是一个听众。当他需要开口时，要先用眼睛来观察别人的非语言的反应，然后，才能够决定沟通的内容和形式。据社会心理学家统计，我们有 50%~80% 的时间在与人沟通，而在这沟通的时间内，有一半的时间是在倾听。尤其在个人事业的发展中，“倾听”被列为比“说”还重要的沟通技能。在对领导力的研究中，也一再强调“听，是增加知识和价值的好机会”，“我们所说的首先应该与倾听相关或者来自于所听的”。倾听是一门事业成功者必须掌握的艺术，倾听是建立自己良好形象的最简单的办法，因而沟通心理学家们一再倡导：“在说之前，先学会听。”

美国CNN电视台最著名的节目主持人莱瑞·金（Larry King），专门采访世界顶级的领袖、名流。作为一个如此杰出的主持人，他应该是最善于用语言表达的，但是他却把倾听看作是比说更为重要的采访方式。当莱瑞被问到如何成为电视超级主持人时，他说：“我倾听。我从来就没有在说话的过程中学到过知识。”

重视演讲的古希腊哲学家们，早就把“听”看成与演讲一样重要的一项技能。有一个年轻人曾经拜师苏格拉底，求教演讲的技能。为了展示自己生来具备的、出色的口才，他滔滔不绝地对苏格拉底讲了起来。苏格拉底打住了他的讲话，要他交双倍的学费，那年轻人惊诧道：“为什么要我加倍呢？”苏格拉底说：“因为我得教你两样功课：一门课先学会怎样闭口；另一门课是学习怎样开口。”另一个关于哲学家芝诺的传说中谈到，当一个在夫妻之间，倾听力的分数却随着婚姻的年限增长而下降。

年轻人夸夸其谈时，芝诺便警告他：“你的耳朵已经滑下来同你的舌头融为一体了。”

一次心理实验的结果发现，上司给自己的部下所打的倾听分数普遍的高，这毫无疑问是由于部下畏惧上司的权威，在谈话时竭尽全力地给予上司全部注意力。有权威的人会习惯于别人给予自己注意力，而在有些场合中，他们作为一个普通的人参与交流，会赢得更多的尊敬。在英格丽参加的一次学术界的餐会上，一位学术界的权威占据了所有的时间，他天南海北的话题滔滔不绝。出于对权威的尊敬，在座的人只有默默无闻地听着。但是，大部分人的眼神和面部表情告诉英格丽，他们已经是“人在曹营心在汉”。这个聚会的结果，导致在座的人几乎没有互相结识，只有在餐后才匆匆忙忙地交换了名片。

在夫妻之间，倾听力的分数却随着婚姻的年限增长而下降。这也难怪在很多夫妻冲突中，常常听到妻子们气愤地抱怨：“他从来不听！”正因为“不听”，丈夫才无休止地重复着让妻子愤怒的“错误”。这种“不听”是妻子感到受忽视的关键所在。可见，倾听在我们的生活中的作用，已经远远不再是为了功利而讨上司喜欢的技巧，它还能够影响我们的家庭关系和人际关系，决定了别人对于我们的喜爱程度。一个不善于倾听而只想表达的人，是不会长久地吸引听众的，除非他有着超常的思维、雄厚的知识、激动人心的思想。喋喋不休地重复自己所在行和感兴趣的话题，而忽略了别人的反应，就会像那个波兰女士一样成为最后一次出席聚会的人。

倾听不是一个被动的活动，一个优秀的听众，能激起谈话者的情绪、思维，甚至开阔谈话者的创造力，它不仅是在用双耳及大脑吸收、消化、分类、分析讲话的内容，还要观察对方的表情、身体语言，并运用自己的语言、身体语言、面部表情等给对方积极的回馈。在上面陈述的事件中，那个德国记者是位出色的听众。正是他全神贯注的眼神、痛苦的面部表情，表示投入的身体前倾动作、惊讶的语言、口气等等，使波兰女士受到了激励，让她更加兴奋。而这个波兰女士却是糟糕透顶的听众。首先，当别人自我介绍时，她不用心听，她对别人的背景根本没有表示出兴趣。第二，在她讲话时，她对别人的消极反馈视而不见，强烈的自我表现欲望和单向思维的方式，让她不能够预测和想像无聊的独角戏的可怕后果，她没有迎合大多数听众的心理，没有及时地调节谈话的内容。

只满足自己说而忘记了听的人，会错过很多有利的商业合作的机会。一个投资巨大的商业电视节目的制片人在与一个总导演候选人交谈时，这位导演为了充分展示自己的才华，口沫横飞、指天画地谈了四个小时之久，每当别人想问话时，他不客气地说："你先听我说完。"四个小时后，怀着希望而来的制片人，带着失望而去。他说："这不是一个可以与他沟通的导演，他完全融化在自己的思想之中，他甚至都没有考虑到别人会有不同的思想，而他的谈话和展示给我的，与我的节目性质毫不相关。"如果这位导演能听完别人的意见和反馈，调整自己的话题和展示方法，他就会在栏目中占有一席之地。

在国内与成功者交往的过程中，英格丽明显地发现文化领域的成功人士和私人企业的老板们有着出色的"倾听"能力。而且越有成就的人，"倾听"能力越强。也许正是由于文化界的人士对新信息和知识的渴望，他们更愿意认真倾听，从倾听中吸取知识。成功的私企的老板们用敏锐而开放的头脑，从任何谈话中寻找新的机遇，时刻了解世界的动向，他们珍惜时间，把任何沟通交流都当成是一次学习、充实的机会。而很多刚刚脱离贫困线的、在中国基本建设中发达兴旺的"成功者"，更津津乐道于展示自己的辉煌成就和"过人"的才华。有个朋友对此评价："听一次还可以忍受，第二次就是活受罪，第三次，就如同惨遭杀害。"那些只讲不听的人，千万不要犯下这样的"凶杀罪"！

罗马时代的诗人赛鲁斯说："我们只对那些对我们有兴趣的人感兴趣。"这是对我们社会交往、沟通交流的真实写照。试想当我们讲话时，听者回答的与我们的话题无关，或者不停地打断我们讲话，我们会如何看待此人？认真想一想，我们认为那些最好的朋友或同事，常常是那些能听我们只满足自己说而忘记了听的人，会错过很多有利的商业合作的机会。

讲话的人。正因为他们能“听”，把他们的注意力给予我们，我们感到自己受到他们的重视和尊重，我们才喜爱他们。

英格丽建议：

1.从今天开始，避免这些习惯吧：

（1）目光不在讲话者身上，左顾右盼。

（2）不断地打断别人的讲话。

（3）心不在焉、手中在做其他的事。

（4）假装在听。

（5）消极、懒散、松懈的身体语言。

（6）过分强调与对方的不同点而争执。

2.请这样去做吧：

（1）目光与讲话者对应，面部表情根据对方的话有所反应。

（2）身体前倾，表示对谈话感兴趣、关注。

（3）运用头部动作，点头表示同意，摇头表示否认。

（4）运用语言“嗯”“是”等表示你在倾听。

（5）要“所答即所问”，这是表示你在与人交流。

自我提升形象设问

Enhance self-image Q

1.我是否能够从别人的目光中得到信息？

2.我是否能够专心听别人讲话？

越有成就的人，“倾听”能力越强。

3.当我不想听别人说话时，我会有什么表现？

4.我是否能够捕捉听众的身体语言和表情信息？当听众心不在焉、心神不定时有什么迹象？

5.我会如何利用身体、表情表现得对话题感兴趣？

第 20 节　公众讲话——引人注目最好时刻

一个好的讲演者和糟糕的演讲者的区别是能否让听众舒服地入眠。

——O.A. 巴蒂塔

我花三个星期准备一个即兴演讲。

——马克 · 吐温

在美国辛辛那提城市规划系“城市建设”的结课项目会上，全班20多个来自世界各国的学生，分别上台对自己项目做五分钟的讲演。来自中国的女同学玲和明紧张地等待着最后的时刻，这是她们第一次在异国他乡用英语在众人面前讲演。

这时其他的同学都完成了演讲，20多张面孔在期待地盯着她们。

“你们无路可逃！（You have no way out！）”赫夫曼教授微笑地招呼他们上台，玲先勇敢地站了起来，用不流利的英语终于完成了人生最痛苦的演讲，同学们给予她热烈的掌声。她如释重负地吸了一口气，感觉自己的表现并不像想象的那么糟糕。

这时，真正无路可逃的明站到了讲台上。她已经面色苍白、呼吸困难，高度的紧张使她痉挛了，她已经不能站立，蹲在地上，几乎是哭着请求赫夫曼教授：“我不能讲，我不能呼吸，我不行了……”

赫夫曼教授仿佛早已见识过这样的悲惨局面，他毫不动情地微笑着说：“你当然行！你必须讲，你只有讲完，我们才能离开这里。这是你的里程碑，不能演讲就不能做城市规划！如果你用英文不流利的话，你可以用中文讲。”同学们一起喊：“明，你能做到！你能！（You can do it!）”山穷水尽的明，在同学的掌声中颤颤巍巍地站了起来，结结巴巴地用中文做了五分钟的项目讲演。结束时，同学、教授一致起立给予她热烈的鼓掌。

尽管，除了玲之外没人知道她讲的是什么，但由于她的勇气，她在这门课上得了A。

公众讲演是沟通交流中最重要的一项，也是任何一个要取得成功的人必须具备的基本的自我展示的技能。一个不能够站在众人面前讲话的人，就不是一个真正引人注目的人。在英国CMB形象设计公司对1000家金融公司的调查中，总裁们把演讲、写作等列为最能展示职员良好形象的最重要的条件。在中国唐朝的“释褐试”的四项登科考试中，第二项是“言”，即言论，标准是取其“言词辩证”，就是指人的口才。

只有通过自己杰出的口才，表达出追随者的价值观，才能够获得追随者的拥戴。

在心理学家和社会学家对领导者的研究中，无论他们的研究方法和观点有多么不同，都无一例外地发现——杰出的领袖人物能够清晰地表达自己对理想、道德、未来等观念的看法和观点。领导者首先是追随者的代言人，出色的演讲口才是他们吸引和激励追随者的重要条件。只有通过自己杰出的口才，表达出追随者的价值观，才能够获得追随者的拥戴。肯尼迪、马丁·路德·金、克林顿、尼克松、丘吉尔、里根、林肯、托尼·布莱尔等等数不胜数的政治家们，以他们著名的演讲才能而闻名于世。全世界几乎无人不知马丁·路德·金的《我有一个梦》和肯尼迪的《不要问国家能为你做什么，而是要问你能为国家做什么》的演讲。丘吉尔在第二次世界大战中通过广播激动人心的讲话激励着英国人民反抗法西斯。在与莫尼卡的性丑闻之中，克林顿用悲痛的演讲来恳求美国人民："我是你们的总统，我需要为美国人民工作！"

其实很多有魅力的领导人展现给人们的理想蓝图，也许并非个人原创。但是他们能够用自己的口才做媒体，把这种集体的思想和智慧集于一身而表现出来，感染和吸引了众多的追随者。平日里就不善于沟通，又不能够在大小会上用语言激励人的领导为自己的发展设置了障碍。也有很多领导者，平日寡言少语，一到开会就精神振奋，滔滔不绝。曾在共青团系统工作过的某大城市的市长，平时言辞不多，有时讲话都结巴，可是一到大会上，他就像是换了个人似的，不仅口才流畅、出口成章、思维清楚，而且语气感人肺腑，像个富有经验的舞台演员，有着巨大的煽动力，他的部下公认他是一个"魅力领导"。一位部下这样评价他："我不敢相信这是平日我所见的领导。在大会上，他能创造奇迹！"一位中国金融界的老总说："一个人都不能描述自己的梦，怎么有人相信你有一个目标？部下们怎么能够追随你呢？"他承认，敏锐的思维和优秀的口才是使他成为银行领导人的重要原因，也是他选拔人才的标准之一。

在西方的公司中，中国人以聪明、勤奋而闻名，很多人在技术上稳占一个山头，但却很难攀登上公司的管理阶层，其中最大的原因是不能展示自己有领导才能。最近被提升为伦敦某银行证券新产品主管的中国人杰克·王说："我花了五年的时间才悟出这个道理，不引人注目，就不能成功。开会演讲才是引人注目、树立自己形象的最好时候。你平日所做的工作，在开会时才最出成效。以前我所做的项目，由于顾虑到自己的英文可能不完美，而且不愿让别人太多地注意我，我都要让母语是英语的同事在会上讲。但是我的工作成绩都归到了他身上，他先被提了级。"如梦初醒的杰克自费参加沟通、演讲的培训班，现在，在大小会上，杰克不但主动演讲，而且还积极对别人的演讲提问。他在短期内受到了同事和上司的重视，他的才干好像突然之间才被他们发现。

大部分的人不愿当众讲话主要是由于畏惧和恐惧心理。在西方还有个著名的故事，古希腊的斗兽场上，一个角斗士与一只狮子在做决斗。当角斗士筋疲力尽地败倒在地上，凶猛的狮子即将把他撕吞时，他对着狮子耳语了几句，张牙舞爪的狮子顿时惊慌地夺门而逃。人们问他对狮子讲了什么，才保住自己的性命，他说："我只是说这里有一条规定，若吃了我，它必须对人们讲几句话。"这种恐惧心理都能吓跑凶猛的狮子，何况对人呢？在美国的调查统计中，人们把公众演讲列为仅次于死亡的第二个恐怖事情。很少有人在公众演讲前不感到恐慌，除非他生于狮子座之下，有着不可抑制的表现力。即使这样，很多的职业演讲家，虽然久经沙场，依然会受到心理恐怖的袭击。但是，正是这种恐怖变成了激情和勇气，一个职业演讲家的演讲才不催人入眠。畏惧和恐惧心理是可以经过强化练习而减弱消失的，你应该利用一切聚会的场所锻炼自己当众讲话的能力，直至你能轻松自如、坦然自若地面对正式的听众。

许多关于演讲的培训班强调对演讲的内容设计和如何进行讲演。但讲演的主要目的不仅仅是表达和展示你的演讲内容，更加重要的是展示你的杰出形象。在演讲的前两分钟，你展示给人们的视觉形象，和开头的几句话是否能抓住人们的兴趣，就决定了你的演讲是否能成功。美国一位演讲开会演讲才是引人注目、树立自己形象的最好时候。

专家认为："如果你在前两分钟不让听众兴奋，就别再让他们乏味。"很多人却没有敏感地认识到，他们乏味的讲话早已催人入眠，被听众的注意力所抛弃的尴尬局面是令人恐怖的。

如何让听众的注意力不抛弃你呢？不可否认，你一定要非常熟悉自己所讲的内容。不过，无论你说的内容有多么重要，如果没有优秀的外表形象，如果不配合其他非语言交流的手段，如动人的声音、抑扬顿挫的音调、感染人心的语气、生动的手势和动人的表情，你也不能让听众对你产生兴趣，你的内容也就不能被听众完全理解和接收。

一个精彩的公众演讲是要经过长时间的、认真的准备的，即使是一个两分钟的即兴讲话，也不要忽视准备工作。非常了解自己的讲话内容，穿着最给你自信的服装，把激情投入到你的语气中，你会惊奇地发现，你首先感染自己，然后你又感染了听众。原来，公众演讲并不像我们想象的那样可怕。

英格丽建议：

1.争取在公众面前多讲话。

2.在任何演讲、讲话前，认真准备。林肯说："砍树若需八小时，我会花六小时磨斧。"

3.在有关商业事务的讲话中，男人一定要穿西装。

4.选择保守的西装、引人注目的领带。

5.注意运用身体语言和手势，听众希望看见的不是一根只会讲话的木头。

6.保持声调的激昂，不要用催眠的语调讲话。

7.目光要照顾到所有的听众，与他们建立情感，寻求支持。

8.开头的前一分钟要吸引人，或者用故事，或者用统计数据。

如果你在前两分钟不让听众兴奋，就别再让他们乏味。

9.谈你所在行的，你的经历，不要谈你不了解或者正在学习中的。

用下面的辅助手段争取听众的注意力：

故事	阐述一个道理	运用身体语言
提问	引用名人名言	运用统计数据
想象	讲神秘的经历	
微笑	目光接触	

自我提升形象设问

Enhance self-image Q

1.我畏惧在人多的时候发言吗？我有什么反应？我会如何克服恐惧感？

2.我是否能够即兴演讲？

3.我懂得如何运用手势、目光、身体语言吸引听众的注意力吗？

4.正式的公众演讲前，我考虑过穿什么衣服的重要性吗？

5.我注意过自己的语调吗？是平淡无奇还是抑扬顿挫？

第 21 节　电话中“听”出了你的形象

良言一句三冬暖。

——民谚

笑起来，让你的声音在电话里传达着笑容。

——英格丽

每一个电话，都要努力展示给对方一个有高度职业经验、可以信赖的形象。

刚刚归国的王敏想买一台家用空调。经人推荐，她接通了某空调公司在北京的代理商的电话，第一次电话响了七八声，没有应答。“这个公司为什么中午不安排人值班？看样子代理商是一个不规范的小公司。”王敏想。到了下午，她又拨通了电话，电话铃响了五六声，终于有人不紧不慢地接了电话。

“喂！”对方拿起电话，没有报自己公司名称，懒洋洋地回答电话。

“您好，请问这里是××空调代理吗？”王敏不敢确定对方是代理商家。

“什么事？”对方问。

“你好，我姓王，我想买一个××牌的三十平方米客厅空调，请您介绍一些合适的型号。”王敏问。

“我们的空调分好几种，你想要哪种？”对方冷淡地问。

“先生，我不明白空调就是空调，还要分什么种类？不就是按房间大小来分种类吗？”空调的技术问题使王敏困惑了。

“当然要分，有的能加热，有的不能加热。”电话的那一方传来吃东西的声音，他也不详细地解答王敏的疑问。

“噢，那么，等我想一想，再决定吧。”王敏失望地挂了电话。

第二天，她去商场买了海尔空调。

事后王敏发表了对那家公司的见解：“从电话中，我感到这个公司缺乏起码的规范，对于送上门来的顾客既不积极又不主动。职员根本不懂得回答电话的方式，让我以为自己打错了号码。一个公司的职员怎么能够用‘喂！’的方式回答电话呢？他没有商业的活力，不积极地介绍自己的产品，而是让我像挤牙膏一样，一问一答，他并不想积极地销售自己公司的产品。还如此不礼貌地在接电话时吃东西。可见这个公司的职员素质，如果空调公司选用这样的不懂得商业规范的小公司做代理，可以让我想象这家公司产品的质量，如同他们所选用的职员一样不让人愉快和放心。”

在高速发展的现代社会，越来越多的商业活动和人际交流是通过电话在电话铃一响时，我的心中就已经微笑了。

进行的。在未见面的情况下，人们通过你接电话的方式，在电话中的表现，对你的形象、性格、素质进行了无限的描述、想象。电话中传递的信息如此微妙，你无法捕捉自己在对方的心中留下了什么样的印象。在电话交谈的过程中，通过对接电话的人的素质判断，我们会推断公司的职业化程度、服务态度、可信度、在本行业中的排名、公司的文化等等。不规范、没有职业风范的接电话方式，不但影响着你的形象，也影响着公司的商业信誉，很可能会像上面发生的事情一样，让你失去到手的商机。

法国某银行的衍生证券市场销售员耐文娜博士的工作几乎是百分百地通过电话进行的。而她所销售的衍生证券产品是金融产品中风险最高的。电话中的职业化程度、语言体现出来的个人风度和专业知识决定着她的业绩。她进入公司的第一件事，就是接受职业培训。在培训课上，沟通、交流的专家要求受训者："每一个电话，都要努力展示给对方一个有高度职业经验，可以信赖的形象。当拨打出电话时，你应该在对方接起电话后，先自报姓名和公司大名。然后，告诉对方你来电的目的，询问对方现在说话是否方便。如果对方不方便，告诉他们你会在他们方便的时候再打电话来。即使是非常熟的客户，也一定先报姓名，否则让对方困惑和猜测，不仅不益于职业形象，而且也影响效率。"在英格丽所接到的电话中，耐文娜是最让人感到愉快和舒心的。她不仅有非常职业化的风度，从不在电话中浪费对方和自己的时间，而且她那高效率、快节奏的电话中从来不失友好和尊敬，这些都是通过她温暖、悦耳的声音和积极、热情的态度展示出来的。

打电话先报自家姓名是商务电话的基本礼仪。由美国归国的安德鲁·王在国内遇到过这种情况：只有过一面之交的人打电话来，他接起电话，自报姓名。而对方回答："是我。"能够大胆地用"我"来回答电话的人，想必认为自己是个特殊人，或者认为自己的声音已如同世界领袖那样容易被辨别，我们能立刻从一声"是我"之中就知道他是哪一位。他们认为，在见了一面之后，我们就有责任把他的声音牢记心怀。当安德鲁问道："对不起，我听不出来，请问您是谁？"对方甚至不可思议地问："连我都听不出来？”无疑，这种人留给我们的印象是既不懂礼貌，又狂妄自大，肯定也不是个成功者。

曾在Sony（索尼）公司工作的工程师戴安娜，也在一进公司就接受了职业规范的培训，其中一项内容就是如何在电话的交流中维护公司的形象。她说：“我们接电话的质量，反映了我们的服务态度。我已经养成了这样的习惯：在电话铃一响时，我的心中就已经微笑了。因为我的声音在告诉对方我的表情，我等到电话响完两声之后，在第三声要响时，才沉着地接起电话。因为如果我接得太早了，会显得我迫不及待，说明我无事可做；如果接得太晚了，会显得我们没有在岗位上，给公司造成不良印象。如果我离开自己的办公桌，我就会打开电话留言机，请对方留言。接电话时，我会停止口中、手中的任何活动，把全部注意力放在电话上，对方是可以感觉到我的行为的。我总是先报姓名：‘我是Sony公司戴安娜·魏。’这样做反映出精干、高度职业化的风范。电话结束后，我会说：‘谢谢你打电话。’有些问题在当时无法解决，我就会另约时间回电，并且一定要准时回电。任何我不在时别人打来的电话，我都在24小时之内认真处理。”

很多在国际跨国公司工作过的人从海外归来，总是抱怨在国内向公司打电话时，大部分情况是别人用“喂”或“你好”回答，而不是：“你好，我是××公司××。”使得人们还必须再次确认：“请问，是××公司吗？”

即使是在电话中愉快地交谈了，但是没有得体地结束电话，也影响一个人的电话形象。生物学博士帕特瑞克·李应某大城市市长之邀回国，创建生物园，他说：“几次与他的通话，他都未等我回答，就用一句‘先这样吧！’就单方面挂断了电话。”这样不给予别人反应时间，单方面地挂断电话，会让别人感觉到他不懂得应该尊重别人，他可能是一个性格霸道、缺乏敏感、具有支配欲望的人。无论你有多么繁忙，等对方应答一声“好吧！”也就需要几秒钟时间。几秒钟，丢掉的是对一个人的尊重，也在自己本来很好的形象上加上了不美好的阴影。

一些从海外归来的朋友们谈起电话礼仪的事，集体列举了电话中让人没有得体地结束电话，也影响一个人的电话形象。

产生不良印象和有损于成功人士形象的行为和表现：

（1）对方不报姓名，而用“是我”代替姓名，别期望人们都知道你是谁。

（2）对方单方面无礼貌地中断电话，不给别人反应的机会。

（3）对方“一心多用”，在与身边的人讲话时，不用“对不起，请等一下”来提醒电话的那一方，使得你不知道他到底在和谁说话。

（4）对方保证过再打电话，但是，过时不来电，害得遵守规矩的人苦等。

（5）当你讲话时，对方长时间沉默无应答，不用“我明白”“是的”来表示在倾听，以致你以为电话出了故障。

（6）对方打错电话时不说“对不起，打错了”就挂断。

（7）对方来电只留姓不留名，不留电话，但却希望你回电。

（8）打电话时，口中吃饭或者嚼东西，让人感到不受重视。

（9）接电话后，对方滔滔不绝地讲，使你没有机会反应。

（10）在不适当的时间打来电话，表示就两句话就说完，却唠叨个没完没了。

（11）在电话结束后，对方猛地放下电话，震耳欲聋。

（12）在任何商务约会中，都要把手机打开，不合时宜地回答电话，不考虑对会议的影响。

（13）在任何严肃或高雅的公众场所，如剧院、宴会厅、展览厅、图书馆等，手机乱响，破坏了高雅的气氛。

不给别人反应时间，单方面地挂断电话，让人感到不受尊重。

英格丽建议：

1.接电话时：

（1）电话铃响时，心中微笑着准备接电话。

（2）在铃响第二声以后，第三声要响起时，再拿起电话。

（3）先报公司的大名，再报个人的大名。

（4）在接电话时，停止手中、口中的其他一切活动，手中持笔，以便记下重要的信息。

（5）接电话后，要感谢对方打电话。

（6）等到对方放下电话后，你再挂断电话。

2.打出电话时：

（1）让你的心友好、热情起来，让你的声音传递你的心态。

（2）用“您好，我是某某公司的某某”开头，再告诉对方你打电话的目的。

（3）询问对方是否方便接电话，如果不方便，询问何时方便，你会如期再打电话来。

（4）不要在商业电话中啰嗦、絮叨，除非对方请你重复；要用精练的职业语言，不要用唠家常的俗语。

（5）以祝福对方的友好语言结束电话，“非常高兴能够与您通话！”“谢谢您！再见！”

每一个电话，都要努力展示给对方一个有高度职业经验，可以信赖的形象。

自我提升形象设问

Enhance self-image Q

1.我有过怎样糟糕的打电话经历？是什么让我感到不愉快？

2.我是否能够从电话中判断出对方的性格、态度、背景？

3.我渴望在电话中给人留下什么样的印象？如何才能够留下这样的印象？

4.在公司应该如何接打电话？我是否能够达到标准的职业接打电话水平？

第 22 节　你喜欢我，我就喜欢你——人际相吸引的原则：喜爱并赞扬别人

我们只对那些对我们有兴趣的人感兴趣。

——赛鲁斯（罗马诗人）

你教给人们对待你的方式。

——威恩 · 迪尔

什么事情最容易——向别人提意见。

——泰勒斯（古希腊哲学家）

渴望感到自己很重要，是动物和人的区别之一。

社会心理学家阿让森和林顿曾做过一个有名的实验。在实验中，他们把两名实验助手有意安排在被实验的人中，让被实验的人误以为，这两位助手也是参加实验的人。让我们假设被试者叫大卫，两个助手分别叫托尼、汤姆。

实验的过程是这样的：假装让三个人合作去完成一项预定的工作。在第一次“合作”后，三个人被安排去休息。在这段时间，两个助手（托尼和汤姆）有意在大卫的背后谈论起他，而且设法让大卫听到这段谈话。

托尼用赞扬的口气说自己很喜欢大卫，而另一助手则用否定的态度评价大卫。在休息结束后，他们进行了第二项合作。在所有的合作结束后，大卫被要求评价自己的两位合作伙伴，并表示自己对他们的喜爱程度。大卫的评价并不让人吃惊，他喜欢托尼，那个曾表示喜欢自己的人，而不喜欢那个对自己持否定态度的汤姆。在人际交往心理学上，把这一结果称为“人际吸引的相互性原则”，即“我们喜欢那些喜欢我们的人”。

在我们的生活中，为什么有的人外表形象并不出色，但是却让我们如此地喜欢，以至于我们称之为“朋友”和“知己”？而有的人貌似出众，但是我们却不愿意接近他们呢？其实，正是“我们喜欢那些喜欢我们的人”的原则，让他们成为我们的朋友。是他们对我们的欣赏和认可，让我们感到他们有眼力，就像一个发现了千里马的伯乐。在我们的眼中，他们也就显得如此地美好、特殊，我们愿意与他们接近，也愿意帮助他们。其实，表现出喜爱我们的人，才真正掌握了我们人性的弱点。他们不仅让我们当时体验到了愉快的情绪，还让人类最强烈的渴望——“受人尊敬”得到了满足，他们对我们的喜欢、欣赏、赞扬，让我们认为自己的社会价值得到了承认。和他们在一起相处，我们拥有的是快乐，我们也回报他们以同样的友好与热忱。于是，他们在我们的眼中是友好、热忱、高大、可信的形象。如此的简单，不需要任何努力和代价，仅仅是由于展示出对我们的喜爱，我们就把同样的桂冠也戴在他们的头上了。杰出的名流都在无意识中他们对我们的喜欢、欣赏、赞扬，让我们认为自己的社会价值得到了承认。

运用这个原则，这也是为什么他们受到公众喜爱的缘故。

世界著名间谍片《007》中詹姆斯·邦德的扮演者罗杰·摩尔在2002年11月出现在BBC火爆娱乐节目“格兰姆·诺顿”的嘉宾席上。年过七旬的罗杰·摩尔曾经以他的英俊和机智的幽默而深得观众的爱戴。好莱坞的女演员们会由于出现在《007》片中而登上世界美女的明星榜，因而“邦德女郎”成为超级性感美女的代名词。调皮诙谐的主持人格兰姆给罗杰出了一个难题，他让罗杰·摩尔把即将出场的几位女性和“邦德女郎”相比并为之打分。当这几位女性走来时，观众抑制不住地哄堂大笑。这几位女士年过半百，脸圆脖粗，满面横肉，紧裹在身上的短小服装费力地兜住向外溢出的肥膘，暴露出的小腿如同巨大的萝卜。罗杰以欣赏的目光和表情评判着她们，然后无可奈何地说：“这是个非常艰难的任务，因为在我眼中，她们个个都如同邦德女郎一样有魅力。”狂热的观众给予罗杰长久的掌声和善意的哄笑。罗杰在媒体上又一次为自己树立了让人爱戴的形象。

人类存在的最强的愿望就是能受到别人的喜爱。林肯总统早就看透了人的这个弱点：“每个人都希望被欣赏，人类深层的特质是渴望被欣赏。渴望感到自己很重要是动物和人的区别之一。”据西方成功学家和领导学的研究，那些成功者受人喜爱的特性之一是他们有一种鼓励他人向上的力量，这包括对别人积极、肯定的态度。他们会为别人带来勇气、希望和力量。而这正是每个人非常渴望而又缺乏的。

在英国银行工作的安迪·华纳，他领导的十几个成员，每个人都比他的资历深，学历高，年龄长。专业并不精通的安迪，是靠着自己的天才人际关系和领导力，让自己的每一个下属都感到在工作中最有价值，是项目中最重要的人。对他非常不服气的纳什，在一年后终于发现：“我越来越喜欢安迪了。”

一位传媒心理学者说：“在观看许多世界成功人士被采访的节目后，我们发现这些被观众喜爱的成功的人士，都有一个共同的特征：他们知道如何用积极的态度看待人和事，他们都会毫不吝啬地选用赞美别人的词句，而从来看不到别人的任何缺点，他们从不用尖刻的语言评价别人，甚至对自己的对手也采取赞美的态度，无论他们是商人、政治家还是明星。正是由于他们的这种态度让人们喜爱他们，这是他们建立受人喜爱的形象最有效的方式。”

在2002年9月访问英国时，前美国总统克林顿在英国工党的大会上还赞美自己的政敌小布什在世贸大厦的灾难中的表现。美国地产巨富唐纳德·唐卜多次被CNN采访，他的表现更是非凡，对问及的任何问题他都先以“你这个问题太好了！”来接过话题，然后用非常肯定和赞赏的态度给予回答。这些成功的巨人们好像是天生的心理学家，他们知道人的自尊心是我们身上最脆弱的部分，只有小心地温柔地抚摸着它，才能得到它的承认。

攻击和批判别人的人是不受欢迎的，无论你的用意是多么的诚恳，当众攻击、指责、纠正别人都会刺伤别人的自尊心，伤害他人的尊严。我们忘不了别人的赞扬，但是，更忘不了别人的攻击。无论你有多么不可一世的成就，你穿着多么昂贵的西服，戴着华丽的配饰，你的眼睛只看到别人的不足，你的形象只能比你告诉别人的不足更糟糕！一个成功有魅力的人，如果想建立自己杰出的形象，就应该知道如何维护别人的自尊心，并争取这颗心。

美国形象设计师罗伯特·庞德先生曾讲过：“破坏自己形象最有效的办法之一是对别人进行攻击和指责。”北京某文化公司的副经理，一个貌似高大的人，就是这样把自己变成了一个让人低看的矮子。在某电视栏目组剧组的首次聚会上，观众心理成为人们谈话的论题，在座的某大学的心理学教授在无意之中成了人们咨询心理知识的专家，因而成为聚会中的中心人物。这位投资方代表好胜而又幼稚，他不能够忍受有人代替他成为了中心，不甘被人冷落，他开始用极不礼貌的言辞向心理学教授进行挑衅和人身攻击，以展示自己的强大形象。

他用手指着教授，仿佛自己无所不知：“心理学纯属骗人的把戏，你也就骗一骗那些无知的人！你要是有能耐，说出我现在心里想的什么。你要是说不出来，就说明你什么也不懂，你的学问根本没到家！”餐桌上刹那间静了下来。这位经理立刻夺得了人们的注意力，他赢得了舞台的中心，但是却失去了人心。他并没有获得预期的效果，他的无礼、不友好行为遭到了人们的强烈反感。在场的人认为他“缺乏一个人的基本修养”，“像个无聊的疯子”。像这样的人在生活中并不少见，看一看他们的行为，就不难理解他们为什么不能够成功。他们对人际交往心理的无知程度像个低能的幼儿，他们不会理解“尊重别人等于尊重自己”这句话的真谛。因而，他们永远不会知道如何树立让别人尊重和喜爱的形象。

卡耐基在《如何赢得朋友》一书中列举了十条人际交往中应该掌握的技能，其中两条是赞美而不要批评别人。他说:“经常让别人感到他很重要。认为别人重要，说明你尊重他，而且，人们常常希望在别人某一方面能力不足时表现自己。”“避免当面伤害别人的感情。如果要批评也要先从赞扬开始，批评时不要伤害别人的自尊心。”

英格丽建议：

1.阅读卡耐基的《如何赢得朋友》一书，它将教会你处理最基本的人际关系的技能和原理。

2.观察身边受大家喜爱的朋友，并问自己为什么喜欢他们。

3.用快乐的眼光看待别人，每个人的身上都有闪亮的品质，发现它们，并告诉它的主人。

4.对别人不要吝惜优美的词汇，但是，要真诚地喜爱别人，而不是虚伪的手段。

5.关闭带刺、挑剔的眼睛，不要做个职业批判家，不要盯住别人的不足不放，更不要口无遮拦地把你看见的不足说出来。

避免当面伤害别人的感情。

6.要经常参加社交活动，社交活动能帮助你提高和认识人际相处的原则。

自我提升形象设问

Enhance self-image Q

1.我是否经常会看见一些自己不喜欢的人？我为什么不喜欢他们？他们喜欢我吗？为什么？

2.我是否经常真诚地告诉别人他们的优点？其结果是什么？

3.当别人赞美我的时候，我会有什么感受？

身体语言篇

你 的 形 象 价 值 百 万

第 23 节　这五秒钟意味着经济效益——别握着“死鱼”般的手

握手是陌生人的第一次身体接触，这五秒钟意味着经济效益！

——凯伦 · 布朗杰（加拿大形象设计师）

握手是如此之关键，它立刻决定了别人对你的喜欢程度。

艾丽是个热情而敏感的女士，目前在中国某著名房地产公司任副总裁。那一日，她接待了来访的建筑材料公司主管销售的韦经理。韦经理被秘书领进了艾丽的办公室，秘书对艾丽说："艾总，这是××公司的韦经理。"

艾丽离开办公桌，面带笑容，走向韦经理。韦经理先伸出手来，让艾丽握了握。艾丽客气地对他说："很高兴你来为我们公司介绍这些产品。这样吧，让我看一看这些材料，我再和你联系。"韦经理在几分钟内就被艾丽送出了办公室。几天内，韦经理多次打电话，但得到的是秘书的回答："艾总不在。"

到底是什么让艾丽这么反感一个只说了两句话的人呢？艾丽在一次讨论形象的课上提到这件事，余气未消："首次见面，他留给我的印象不但是不懂基本的商业礼仪，他还没有绅士风度。他是一个男人，位置又低于我，怎么能像个王子一样伸出高贵的手让我来握呢？他伸给我的手不但看起来毫无生机，握起来更像一条死鱼，冰冷、松软、毫无热情。当我握他的手时，他的手掌也没有任何反应，我的选择只有感恩戴德地握住他的手，只差要跪吻他的高贵之手了。握手的这几秒钟，他就留给我一个极坏的印象，他的心可能和他的手一样的冰冷。他的手没有让我感到对我的尊重，他对我们会面也并不重视。作为一个公司的销售经理，居然不懂得基本的握手方式，他显然不是那种经过高度职业训练的人。而公司能够雇用这样素质的人做销售经理，可见公司管理人员的基本素质和层次也不会高。这种素质低下的人组成的管理阶层，怎么会严格遵守商业道德，提供优质、价格合理的建筑材料？我们这样大的房地产公司，怎么能够与这样作坊式的小公司合作？怎么会让他们为我们提供建材呢？"

握手是陌生者之间第一次身体的接触，只有几秒钟的时间。但是正是这短短的几秒钟，它如此之关键，立刻决定了别人对你的喜欢程度。握手的方式、用力的轻重、手掌的湿度等等，像哑剧一样无声地向对方描述你的性格、可信程度、心理状态。握手的质量表现了你对别人的态度是热情

握手的质量表现了你对别人的态度是热情还是冷淡。

还是冷淡，积极还是消极，是尊重别人、诚恳相待，还是居高临下、屈尊地敷衍了事。一个积极的、有力度的正确的握手，表达了你友好的态度和可信度，也表现了你对别人的重视和尊重。一个无力的、漫不经心的、错误的握手方式，立刻传送出了不利于你的信息，让你无法用语言来弥补，它在对方的心里留下了对你非常不利的第一印象。有时也会像上面的那位销售经理，会失去极好的商业机会。因此，握手在商业社会里几乎意味着经济效益。

英国阿比银行的比尔谈到当初面试新助手阿莱休时说："当我们握手时，他那双手厚实的手，紧紧地握住我的手，上下摇动，好像我们是多年的老朋友，再看一看他阳光般灿烂的笑容，我完全被他意大利式的热情所融化。现在虽然他不再是我的助手，但却是我的朋友。"

加拿大形象设计师凯伦认为："握手是一门如此有趣的艺术，它让我们在瞬间产生种种推测和判断，握手的信息是无言的，但它却是那么的丰富和微妙。握手是如此的感性，但它却在对方开口之前，让我们感受到他的内心活动。"确实如此！通常，性格热情的人会有力地握住你的手，上下摇动以表示他渴望与你相见。性格冷淡甚至是内心冷酷的人伸出的手则是冰冷、僵硬无力的手，像一条死鱼。

在全世界，最让人憎恨的握手方式就是这种"死鱼"式的握手。这种握手的方式，对方伸出来的手让你感到像是抓住了一条死鱼，你的心中会立刻感到被拒绝、被排斥，这是最没有礼貌、最破坏自己形象的握手方式。这种握手让人感到对方内在性格冷淡、虚弱、傲慢、无知、愚蠢，他不但内心冷酷，而且还愚蠢到不知道如何假装礼貌。虽然不是每个用"死鱼"式握手的人都是这样的性格和态度，但是这样的握手留在别人心中的第一印象却是难以弥补的。

来自台湾的一位导演在了解了握手的秘密之后说："我并不知道握手的背后有这么多奥妙和内涵，我就是用典型的'死鱼'握手方式。但是，这并不是由于我冷淡，而是我不知道如何正确地握手，尤其是与女人握手，对方伸出来的手让你感到像是抓住了一条死鱼，你的心中会立刻感到被拒绝、被排斥。

我以为握手只是礼节上表示相识。”

在英格丽所握过的中国手中，至少有一多半用“死鱼”式的握手方式。这种用“死鱼”握手方式的人，大部分是女性和官员们，还有一些暴发的“土大款”。女性们以为这样可以显示出女人的矜持和优雅，以为矜持和高傲就是女性的魅力，不过我希望她们把这种魅力留在商业会晤之外，不要让这种“矜持的魅力”代替了商业机会；官员已经习惯于接见渴望见到他们的人，通常他们的手是被人们感恩戴德地握住，他们不需要商机、不需要取悦于对方，只要不进行国际交往，他们没有任何可以失去的；“土大款”们还没有经过现代化商业礼仪的熏陶，虽然早已步入资产阶层，他们的心理还没有进化到现代的文明，礼仪对他们意味着“送礼”，而握手就是“贴手”，还没有理解商业礼仪背后的含义是互相尊重。

心理学家及身体语言专家们认为，通过握手能判断人的性格。在同性的陌生人中，主动伸出手的人性格坚定、热情或者有丰富的人际关系经验；性格支配欲望强的人会让自己手心朝下压在别人的手上，这个握手方式在1960年肯尼迪与尼克松竞选美国总统时的电视辩论上，帮助肯尼迪树立了一个年轻的、强有力的形象，而被压在下面的尼克松则成了牺牲品；手心湿漉漉、汗淋淋的人，性格可能不会轻松，他轻易地感到焦虑、紧张，尤其是这次会见对他有压力；性格粗犷、豪放，甚至莽撞的人，会过度地握住别人的手，像要把人的骨头都握碎；你伸出手来对方没有反应的人，可能不懂礼仪或者有意冷淡、让人难堪或者根本没有看见，或者是性格极端封闭、内向。

双手紧握对方手的人，表现出超人的热情和极度盼望的心情，这种被称为手套式的握手，是被政治家们所钟情的、被用来操纵人们心理的握手方式。它表现了对被握手人的亲密和渴望，它能缩短或消融人之间的距离。在电视上总统竞选人与选民之间常用这种握手的方式，它让观众感到了候选人的热情、诚恳、平易近人，留给选民一个“人民的总统”的美好形象。2003年春节前，在中国的电视节目上，一次当中央领导人接见文艺会演的在同性的陌生人中，主动伸出手的人性格坚定、热情或者有丰富的人际关系经验。

演员时，演员们百分之百用“手套式”握住中央领导人的手。但是在首次商务会面上，还是要谨慎考虑“热情过度”的后果，尤其是当男性握住女性的手时，这种热情会引起误会。

英格丽建议：

1.先自我介绍，再伸出你的手。

通常是职位高的人或者女人、长者先伸手，表示愿意与对方握手。如果他们没伸手，你应该等待。若是对方非常积极主动地先伸出手来，你一定要去回握，否则不但让对方感到窘迫，也显得你不懂礼仪。

2.握手时，要与对方目光接触，面带笑容，目光接触显示你对别人的重视和兴趣，也表现了自信和坦然，同时还可以观察对方的表情。

3.当你伸出手时，手掌和拇指应该成一个角度，一旦你的手与别人的手握在一起，你的四指与拇指应该全部与对方的手握在一起。“死鱼”式的握手特征之一就是不用拇指。

4.握手要有一定的力度，它表示了你坚定、有力的性格和热切的态度。没有力度的手就是“死鱼式”手。但又不要握得太紧，好像要把对方的骨头都捏碎，显得你居心不良。

5.握手时间约为五秒，若少于五秒显得仓促，如果握得太久显得过于热情，尤其是男人握着女人的手，握得太久，容易引起对方的防范之心。

6.如果你的手容易出汗，千万要在握手前悄悄把汗擦干。

握手的信息是无言的，但它却是那么的丰富和微妙。

自我提升形象设问

Enhance self-image Q

1.我是否握过“死鱼”般的手？我有什么感觉？

2.我是否注意过自己的握手质量、方式、力度、位置、时间的长短？

3.握手时，我是否面带笑容和对方目光接触？

4.握着一双汗淋淋的手是什么滋味？我的手是否湿漉漉、汗淋淋？

第 24 节　像亿万富翁那样走路——身体语言的作用

我相信一个站立很直的人的思想也是同样正直的。

——威廉·丹福思（美国著名作家）

艺术的目的不是要去表现事物的外貌，而是要表现事物的内在意义。

——亚里士多德

你用什么语言也无法表达你没有的内容。

——爱默生

身体语言揭示人的内在世界比语言表达得更真实、更可信。

美国心理学家波德·怀斯特对一个青少年帮伙的两位小头领进行了长时间观察和研究，他想发现，是什么才能使他们成为青少年追随的帮伙领袖。

让我们称这两位首领为鲍波和汤姆，鲍波用杰出的、有感染力的口才召唤他的追随者，这是任何一个领导人都应该具有的基本才能。而汤姆却是团伙中最沉默、最少言寡语的一位，但是他却与鲍波起着同样的领导作用。无论他要做什么，他只要用手一指，眼睛一望，或者一点头，小兄弟们就明白了，并且按照他的指令行事。他望着海滩一挥手，小兄弟们就跟着说：“让我们去海滩！”随后就蜂拥去海滩；他脱下衣服，小兄弟们就喊着：“让我们去游泳！”随之就下水。

什么使他能有如此的召唤力？他如此地少言寡语却为什么能有这么高的威望？经过一年的研究与分析，波德·怀斯特发现，汤姆属于另一种天生的领导者——他是个天生的身体语言的专家，他的领导作用是运用成熟的身体语言而不是言辞。成熟与不成熟的身体语言的区别在于是否有目的地运用身体动作。波德发现，汤姆从不浪费任何多余的身体动作，他的每一个动作都只在必需时才产生，他的每一个动作都有其目的。他的脚不会不由自主地移动；他也从不当众把手放在脸上、嘴上、抓耳挠腮；他能充分地运用眼光和头部动作，当他与人谈话时，是一个被人热爱的听众，他得到小兄弟们的信任，人人有难时都向他寻求帮助；他走路时，挺胸、抬头，目光远视，俨然一副将军的气派；当他不耐烦想结束与别人的谈话时，他就抖动腿脚，像是在告诉别人：“我感到乏味了，这毫无兴趣。”虽然他说的少，但是他的效率却是最高的，他是个强有力的领导者。心理学家惊奇地把这种能力称为“身体语言的领导力”。

无论你是进入会议室，还是宴会厅，无论是高尔夫球场，还是董事会，你的身体语言就已经悄然地和别人进行交流了。通过你的走路姿势、

通过你的走路姿势、神态等等，你已经用无声的、丰富的语言在告诉人们你是谁。

站姿、坐姿、神态、表情、目光、进门的仪态、告别的姿势等等，你已经用无声的、丰富的语言在告诉人们你是谁、你有什么心态，你是领导者还是被领导者，是对生活充满自信的成功者还是消极对待人生的失败者。很多人相信身体语言揭示人的内在世界比语言表达得更真实、更可信。也许你还没意识到你的每一个动作会有这么大的影响，但是不要忘了，每个观察你的人都是业余心理学家，他们会时刻地、准确地分析你的每一个动作，正如我们每时每刻都在分析别人一样。

心理学家爱克曼认为表情是用来表达情绪的，而身体语言，如姿势、手势等等是用来加深印象的。身体语言被广泛地应用于管理、沟通、自我展示、树立优秀的职业形象之中。他总结出身体语言的七项功能：

（1）提供信息；

（2）调节交流；

（3）表达亲和力；

（4）表达社会控制（等级、地位等）；

（5）表现功能；

（6）情感影响管理；

（7）协助达到任务目标。

心理学教授马拉比认为，身体语言可以用于理解交流者之间的关系、条件和处境，是职业性的、亲朋型的，还是上下级、师生或其他的关系。通过身体语言我们可以表达语言所不能表达的内容，尤其是与那些位置高于我们的人交流时，身体语言可以展示我们自己，消融我们之间的距离，身体语言是多么的微妙！

来自纽约的伊丽莎白是英格丽的同学，她热衷于“非语言交流”的研究。她在一次工作面试中遇到了这样的人，他傲慢地斜靠在椅子上，一只脚架在大腿上，手中玩弄着笔，一副目中无人的架势。伊丽莎白效仿他的动作，也展示出一个极端自负的姿势。她称之为“反射”对方的动作，结果，她居然得到了这份工作。

身体语言可以展示我们自己，消融我们之间的距离。

参加过“身体语言培训班”的比尔深刻感受到身体语言的重要性。以前，他习惯于双臂交叉于胸前。因为这个动作让他感到很舒服、自然，而他从未考虑过它的消极影响。在培训班上当老师要他们用动作，而不用语言表示对某一事物的对抗和不屑一顾的态度时，每个学员都震惊地发现绝大多数人采用双臂交叉抱胸前的动作。比尔总结自己的经验：“我最大的收获是学会了永远避免消极的身体语言。学会运用身体语言使我的沟通更加有目的，更加有效率。”在开会讲话时，他已经能充分运用有助于一个领导者的手势和其他身体语言，引导着在会人的视线。这个动作的实验最早来自于美国一位著名的心理学家在一个警察学校的现场示范，95%的警察用这个动作表示对人和事的不满、示威、防范、保卫。

在西方的商业领域和政治领域，领导者们深刻理解身体语言在领导中的作用，他们的需求为身体语言的培训提供了广阔的市场。身体语言，这个最近30年才发展起来的学科，让领导人掌握了新的领导艺术。身体语言的这种领导作用被美国作家威廉·丹福思所描述过：“当我经过一个昂首、收下颚、放平肩膀、收腹的人的面前时，他对于我来说是一个激励，我也会不由自主地站直。”

当你有心观察西方国家领导人的公众讲演时，会惊奇地发现他们用着极其相似的身体语言表达和加强自己的观点。那个被称为“箱式”、用双臂下砍的手势，被认为是能够达到强化语言力度的有力动作，它仿佛是政治家的专利，被反复运用着。在同一天的电视节目上，在英国国会上的布莱尔首相和在不同的会议上的克林顿，用着同样的演讲动作，以至观看电视的英国朋友和美国朋友认为他们一定参加了同一个沟通培训班。

在美国，有个专门研究男人魅力的女士开设了一个叫“如何像亿万富翁那样走路”的讲习班，吸引了成千上万的男人。她在纠正一个正常人的动作时指出：“要像一个健康者那样挺胸、抬头、腹部向前略倾，目光略为垂视，双脚略为八字，双手永远不要放在身体前。”来参加讲座的不仅仅是那个被称为“箱式”、用双臂下砍的手势，被认为是能够达到强化语言力度的有力动作。

那些追求成功和加强领导力的人，有的年轻人是为了用这种泰然的帝王气派的走路方式去吸引女性。在两个小时的讲座及训练后，他们的每一个步伐都在散发着“亿万富翁”泰然自若的魅力。当然，对于那些完全缺乏自信的人，这种方法可能是邯郸学步、东施效颦。但是对领导者和追求成功的人来说，充分运用身体语言提高自己的形象是一个有效的工具和必不可少的手段。

在戴安娜葬礼的电视节目中，我们会很快地区别出皇室人员和非皇族的社会名流。因为皇族成员从小就经受了正规、传统的皇家标准礼仪训练，他们的每一个举止都流露着自豪、高贵和优雅。无论你多么不喜欢查尔斯王子，都不得不承认他确实能够从普通人中脱颖而出，他没有太多的动作，但是他与众不同。他的双手永远不会防范地放在腹前，而这个微妙的动作，可以把久经风云的大政治家、皇族们和普通人区分开，把一个自信的人和一个腼腆的人区分开。在中国的电视上，有些国家的领导人却依然双手放在腹前，它在悄然地削弱领导人的有力形象。

心理学教授马拉比认为，通过判断人的身体语言，可以判断交流沟通中是真实还是伪装。保持语言的沉默容易，但身体语言却无法沉默，身体语言可以告诉人的诚实度。这也是为什么在警察审讯犯罪嫌疑人时，把犯罪嫌疑人放在空荡荡的房中，只给犯罪嫌疑人一把椅子，使他们的身体动作完全地暴露给警察。从他们的身体动作中，审讯人员可以判断他回答问题的真实度。加拿大CIBC银行人事处的詹尼弗在被问到如何判断求职者在面试时回答问题的诚实度时说：“我主要观察他的眼神和手脚的动作。大部分人不是习惯性的撒谎者，当他们说谎时，他们的眼光会不自觉地离开我，或者双手不自觉地摸耳、脖子、鼻子、脸部等，以转移自己的犯罪感。”大部分人可以控制自己的面部表情和言辞，但却难以控制手、脚和身体的无意识的移动。

伊拉克前总统萨达姆是个经过训练的身体语言表演家。在审判萨达姆时，中央情报局还请了身体语言专家来解析萨达姆的身体语言。专家帕身体语言可以告诉人的诚实度。

蒂·伍德认为，萨达姆的一些动作是他事先想好了的，但是，他也避免不了一些身体本能的反应。比如，耷拉着双肩，松松垮垮地坐在那里的姿态就是一种失败者的本能。萨达姆还在审判期间经常低着头，两肩耷拉，这些都是本能的缺乏权力的标志。不过，萨达姆也有预先设计的精神抖擞的时候，他会突然用手指着法官，帕蒂认为这是一种攻击的姿势："这就好像一把象征性的枪，指着提问者，'你怎么敢挑战你们的国家元首？'他想象征性地杀死向自己挑战的人。"萨达姆还会用双手的手指顶在一起，形成"塔尖"姿势，这种姿势是一些曾经有权的人在需要赢得主动权或者自控权时做出的。

观察人的身体语言真可谓妙趣横生，你能够发现很多意想不到的收获。很多无意识的身体语言，可能带来意想不到的后果。呆若木鸡、抓耳挠腮、僵硬的手势和指手画脚的动作，都会毁坏你的形象。在工作中，也有很多"性骚扰"的开端，是由身体语言引起的。近期刚换了工作的玛拉妮就是因为感到顶头上司不怀好意，让她无法安心工作，而不得不换工作。但当英格丽问到上司是否对她非礼时，她却找不出任何证据，只能推测："他的眼光，他双腿开放的坐势，他与我谈话时玩弄领带的样子，他拍我肩部的动作都让我感到他将随时骚扰我。"

一个有魅力的领导者和成功的人会懂得如何运用一切可以掌握的技巧去强化自己的形象，身体语言是现代领导人必须掌握的一门交流语言，身体语言的交流比语言更加含蓄、微妙、可信。

英格丽建议：

1.避免消极的身体语言：

（1）避免抓耳挠腮、摸眼、捂嘴等具有说谎嫌疑的动作。

（2）避免双臂交叉在胸前，它表示抵触、抗议、不屑一顾、防范。

身体语言的交流比语言更加含蓄、微妙、可信。

（3）腿脚不要不停抖动，它在告诉别人你内心紧张、不安。

（4）不要做不必要的身体移动，这样会显示得你紧张、焦虑。

2.积极的身体语言：

（1）身体的接触，传递亲和力。

（2）交流时人之间的距离尽可能缩短，以增加情感距离；但是也不要太近，不要侵犯个人的空间距离。

（3）倾听时，身体前倾，目光全神贯注。

（4）入门时，目光平视、挺胸、抬头。

（5）就座时，尽可能占领空间。

（6）交谈时，不要忘了点头。

（7）开会时，坐在领导的左边，而不是右边。

3.可以利用的身体语言：

（1）倾听时，把手放在脸颊——评估和分析对方所说的话。

（2）手放在下巴上——考虑你的意见。

（3）双手指互对并指向上方——展示出自信。

（4）双手掌互贴——说服你，请求你。

（5）眼睛迅速上挑——对你所讲的内容很兴奋。

（6）双手互搓——积极参与。

自我提升形象设问

Enhance self-image Q

1.我是否注意过自己的姿态？我是怎样站立、行走、进门的？

2.我如何看待那些耷拉着脑袋、含胸勾背、站立不直的人？他们自信还是卑微？

对领导者和追求成功的人来说，充分运用身体语言提高自己的形象是一个有效的工具和必不可少的手段。

3.我是否能够用身体姿势表达自己的态度？如何达到我的目的？

4.我是否注意过自己的情绪和身体姿势之间的关系？

5.我是否能够从别人的身体语言中得到信息？是什么？

第 25 节　我的笑容价值百万美金——微笑是没有国界的语言

我的笑容价值百万美金。

——查尔斯·斯瓦博（美国金融巨头）

人是能够笑的动物。

——康德

一个人脸上的表情比他身上穿的更重要。

——戴尔·卡耐基

微笑吸引着幸运和财富。

2002年，在英国曼彻斯特城英联邦运动会开幕式上，传遍了所有英联邦国的火炬最后落在英国足球明星大卫·贝克汉姆的手中，他微笑着跑到了最后一站——一个挂着氧气瓶、身患绝症的五岁金发小女孩面前，他微笑着亲吻了小女孩的脸，与她手拉手走到英国女皇伊丽莎白的面前，由小女孩把火炬交给了她盼望已久的女王。

一贯面色严肃的女王接过火炬，此刻她依然面无表情，也没有亲吻渴望地望着她的小女孩，而是直接走到点火台点燃了开幕式的大火。看电视的人们气愤地说："在这个时刻她还没有笑容，她也没有亲吻那个可爱的小女孩。"第二天，报纸、电视上纷纷指责女王在众目睽睽之下，居然"没有笑容"，而且"没有亲吻那个病孩子……""女王太让人失望了"……

西方有句谚语：不会笑就别开店。中国人也说："笑口且常开，财源滚滚来。"微笑，是人类最美好的形象。因为人类的笑脸蕴含着温暖、自信、幸福、宽容、慷慨、吉祥等等，微笑吸引着幸运和财富。英国BBC电视"人类的面孔"系列的作者巴特说："我们经常愿意与微笑的人分享我们的自信、希望与金钱。这里面深奥的原因已经超过了我们的意识所能够认识的。随时能够笑的人已经证明，他们在个人生活和事业上都更成功。"最具有说服力的证据来自美国金融巨头查尔斯·斯瓦博，当他被问到如何成为富豪时，他诙谐地回答："我的笑容价值百万美金。"

微笑让我们生活充满了喜悦和幸运，笑给予人吸引、产生财富的功能。居住在英国的伊林娜是个脸上永远挂着微笑的中国女士。一次在纽约机场换登机牌，为她换牌的是一位快乐的黑人小姐，那小姐的脸上也带着抑制不住的幸福的笑容。她们热情地交谈着，伊林娜由衷地欣赏那位小姐灿烂的笑容："你有多么迷人的笑容，我相信我此程一定非常幸运。"黑人小姐也笑着说："你的笑容也让我相信你是幸运的。"她们在愉快的气氛中完成了换牌手续，待到上飞机后，伊林娜才发现自己的普通舱座位被换成宽松、舒适的商务舱。

这种微笑有着感人的力量，显示了一个人对生活的满意和自信。

英国首相托尼·布莱尔留给英国人的是他几乎无时不有的、孩子般的笑容，美国前总统里根爽快的、无拘束的笑，克林顿的自信、热情的笑，还有卡特总统那祥和的笑容，肯尼迪那迷倒了几代人的笑容，戴安娜王妃带有忧伤的笑……他们的笑容在人们心中撒下了被人喜爱的种子。不会笑的政治家不会受到人民欢迎，同样，不会笑的人也难以吸引幸运和财富。

当然，不真诚、不自然、伪装和心怀叵测的笑容，不但不会为形象增光，还会破坏原来坦然的形象。什么是最真诚的、最有魅力的微笑呢？心理学家在研究人的微笑时，发现了“最具有魅力”的笑，并把它称为“杜彻内的微笑”。你只有在最真诚地微笑时，才能够出现这种微笑，这种笑容让你的眼睛也一起在笑，这是我们无法控制的、发自内心的微笑的流露。因为，分布在眼睛周围的肌肉只有在内心真正幸福时才有反应，使眼睛放出愉悦的光彩。这种微笑流露出一个人内心世界的幸福与欢乐，只有感受到生活的愉快和成功的人，才具有这种迷人的微笑。这种微笑有着感人的力量，显示了一个人对生活的满意和自信，它是最佳的形象象征，很多杰出的政治家们都努力运用这种微笑去建立自己的形象。看一看克林顿开怀的笑，我们就明白了，他一定是掌握了“杜彻内微笑”的妙诀。

心理学家分析，当我们看到一张笑脸时，我们的大脑神经就受到指令，指挥面部肌肉展示微笑，因而，会以微笑来回馈对方。在英国最大的超级市场连锁店山斯波里，服务台上挂着英文缩写成“微笑”的大牌子，作为企业的口号——SMILE。

Smile	Manage	Interact	Listen	Enthusiasm
微笑	管理	互相影响	倾听	热情

这个企业的“微笑”（SMILE）口号囊括了成功形象的五个重要理念，这是一个多么绝妙的商业创意！无论是顾客还是工作人员，看到“微笑”二字，都禁不住放松自己的面部肌肉而微笑。微笑是获取人心最有效的方式，它能消除人与人的界限。

微笑不但能够保持你自己外在的良好形象，而且也影响着自己和别人这张不灿烂的脸上变相地写着："我不幸，走开，别理我。"

的情绪。真诚的微笑能调节体内的荷尔蒙，体内产生的安多酚，能够让人由内向外放射着愉悦的光彩。而笑容又能够影响他人，让他们也像你一样产生愉悦的情绪，这是一个良性的传播快乐的过程。

认真地想一想，我们有谁愿意看见一张愁容满面、阴云密布的脸？我们不可想象一张不带笑容的脸会拥有一颗幸福、宽容的心，而不宽容、不幸福的人是难以打交道的。这张不灿烂的脸上变相地写着："我不幸，走开，别理我。"它不仅抑制了自己欢乐的种子，也把自己的机遇关在了外面。一位朋友的女朋友由于不喜欢笑，总是眉头紧蹙，天生一副林妹妹的愁模样，而遭到了男朋友家人的强烈反对。

微笑并不是天生就有的，它可以通过调整自己的心态和练习来获取。英格丽的私人秘书有着勤恳、忠厚、敬业的优良品德，由于个人生活的挫折，她的脸上挂上了让人心情沉重忧郁的乌云。每当看到那张阴郁的脸，英格丽都感到心情无法开朗起来。它不但影响着英格丽的情绪和思维，而且还压抑着心灵力量的源泉。最后，英格丽不得不忠告她："每天练习10分钟的笑。"强迫微笑的结果改变了秘书的心态，不久她就习惯性地从内心笑起来，英格丽终于看到了一副让她舒心的笑容。

心理学家发现，笑和兴奋的情绪一样能刺激大脑的快速思维，启用还未被使用的脑区，因而有助于开拓思路和自由联想。更重要的是，笑能让头脑清醒而且心胸宽阔，认识、包纳复杂的局面和人际关系。笑也影响着情绪的状态，在作计划或决策时，只要人的心情好，态度也会积极和乐观，因而做出的决定也充满希望。

笑还能提高人的记忆力，因为人的记忆力随心理状态而波动，愉快的心理，会容易让你记住很多事。研究证明，一分钟的笑能产生45分钟的放松作用。生活在幸福中的人最大的特色就是他们总是那么轻松、愉悦，他们总是笑容满面。

中国作家尤今曾写道："笑一笑吧！太阳冲破阴霾，让温暖取代酷寒。笑，是无言的礼貌，一个微笑让你赢得整个世界。"

笑，是无言的礼貌，一个微笑让你赢得了整个世界。

英格丽建议：

1. 相信生活的公正，每天感谢生活三遍，忠诚于自己的信念，让你的心先笑起来。

2. 微笑必须来自内心，否则脸笑而心不笑，就会看起来是假笑、怪笑、冷笑、狞笑、干笑、媚笑、傻笑等等让人作呕的笑。

3. 每日对着镜子微笑五分钟，大笑五分钟。

4. 对一个陌生人微笑，看一看他/她的反应。

5. 每当要面对他人时，先对他微笑。

自我提升形象设问

Enhance self-image Q

1. 大多数时间，我的内心是微笑的，还是惆怅的？

2. 当我笑起来的时候，我自己是如何感觉的？

3. 我是否在心中不满的时候也脸上带着笑容？在镜子中看一看是什么样的笑容？

4. 我看到别人的笑脸会是什么态度？看到一张正经威严的脸是什么态度？

5. 我是否有意识练习过微笑？这样的练习达到过什么效果？

第 26 节　眼睛如同我们的舌头一样能表达

眼睛如同我们的舌头一样能表达，只是它的优势不需要任何词典，就能被全世界理解。

——爱默生

眼窝、眼睑、虹膜、瞳孔组成了一台包括舞台和演员在内的完整的戏。

——加塞特（西班牙哲学家）

眼睛是心灵的窗口。

——俗语

眼神的力量远远超出我们用语言可以表达的内容。

雪平是某外企公司人事部经理，被邀请参加一个世界著名公司的人际关系培训班结业典礼。雪平打算在了解公司讲师的素质后再决定自己是否参加培训。

他坐在前排右边，看着那些结业的人用被强化训练出来的积极热情的语言，振奋地表达自己的体会。那位主讲老师的脸上始终挂着一个定格的笑容，但是雪平总感到有什么使他困惑，他无法捉摸那笑容的背后，到底是真诚还是客套，他无法相信那种脸的诚意，更无法被那个标准的肌肉造型的笑容感染。典礼结束时，雪平走向那位讲师作自我介绍，在他们握手的一刹那间，雪平与他的眼睛直视，雪平这才明白：原来困扰我的是他的那双眼睛。

雪平形容那双眼睛："看起来阴冷、高深莫测、虚实不定。那双眼睛对我并没有兴趣，它只是漠然地在我身上扫了一遍。这双眼睛与他的笑脸是那么的不和谐，这双眼睛里没有一丝笑意和温暖。我的困惑终于解除了，原来他的笑是强化培训的职业笑容。他的心中并没有笑容，这些全都通过眼睛表现出来。眼睛是心灵的窗口，一个只有脸上微笑，心灵没有微笑的人能是一个优秀的人际关系讲师吗？他不可能告诉我他自己都不懂得的事情。"雪平没有参加这个公司的培训班。

在人类的活动中，用眼睛来表达的方式和内容如此丰富、含蓄、微妙、广泛，眼神的力量远远超出我们用语言可以表达的内容。美国身体语言专家福斯特在他的书《身体语言》中说："尽管我们身体的所有部分都在传递信息，但眼睛是最重要的，它在传送最微妙的信息。"每天人们都是用目光默默无声地互通信息，目光在面对面的沟通交流中起着重大的作用，它决定着你能否有效地与对方交流。一个不会运用眼光沟通的人不会是个高效的交流者。

细心观察人们的目光接触，你会对人类奇妙的非语言交流的方式有新的认识。西方社会心理学家在沟通实验中对眼光进行了深刻而精细的研究，寻找那种最有助于沟通的眼光。心理学家克莱克在一次实验中，让采访者用三种目光与被实验者进行对话：(1)“聚精会神、专注”的目光；(2)“时看时不看、躲闪”的目光；(3)“几乎不看”的目光。实验结果表明，被实验者把“聚精会神的目光”列为对自己最有兴趣、最专注的人，因而也对采访者产生好感，对他们的评价也最高。不敢用目光沟通的人，常常被认为对别人不感兴趣，而造成不必要的误解。

目光在不能使用语言的交流场合中起着重大的作用，在这种情况下，运用目光能迅速地缩短人与人之间的距离。性格腼腆的爱尔兰人、巴林银行的罗伯特用眼神找到了自己的朋友：“那是我在公司做的第一次市场报告，我内心惊恐、紧张，站在台上我感到多么的孤独。我发现比尔正在全神贯注地望着我，他的目光中只有我一个人，我感到自己变得那么的重要！他的眼睛让我感到了信任和支持，他在我的心中是那么的特别。我也仿佛感到在会的只有他一个人。在我演说的二十多分钟内，他的目光一直没离开过我，他帮我度过了我事业生涯的第一次演讲。”真诚、支持、友爱的目光可以跨越任何障碍把我们的关系拉得很近。做过大学教师的比尔之所以能够这样做，也是由于在教课的经历中体会到：“一个在台上的人需要听众的支持，只有我们目不转睛的眼光能够表达我们真切的心意，而一双在台下聚精会神的眼睛又让我们对它的主人格外亲切。”

目光接触是人与人之间建立思想交流的最基本方式，在交谈中极其重要，专注地望着别人是最明显的“倾听”信号，也是在给讲话者反馈。如同罗伯特一样，我们都渴望我们的听众把全部的注意力都给予自己，而目光不欺骗我们，它让我们知道，对方是否在倾听我们的谈话内容，是否在与我们进行交流，是否对我们的话题表示出很大的兴趣。全神贯注的目光让我们感到支持和力量，使我们对它产生美好的印象。

然而许多人却由于种种原因非常难以与人保持平稳、持久的目光接触，就如同很多腼腆的人不知把手放在哪里一样，他们的目光或是偏向一边，或是盯着你的脖子，或者是左顾右盼，这种躲闪的、飘忽不定的眼光一双在台下聚精会神的眼睛让我们对它的主人格外亲切。

让我们的内心产生反感和误解，它让我们怀疑：“是什么东西阻挡着我们真正的交流？”“他是不是在撒谎？”心理学家在对人的目光与诚实的关系研究中发现，人们在谈到自己不感到光彩的事时，或者在说谎时，眼光会不自觉转向别处；大部分神经质和忧郁症的人也常常躲避目光接触，那些心中充满恐惧、忧郁的人做心理理疗的第一步，就是取得目光接触。

目光的接触是一种信息、一个前奏、一种对进一步交往的邀请。与人沟通时，尤其是首次相见，如果不敢与人进行目光交流、不会运用目光，会带来意想不到的恶劣后果。毕业于世界名校伦敦商学院的威廉姆·赵的简历几乎让他百发百中地得到了面试的机会，在连续进行了十多次工作面试均遭到失败之后，威廉姆找到了英格丽进行咨询。英格丽没有发现他的外表形象和语言沟通上有显著的错误和缺陷。但是在与威廉姆进行模拟面试中，他的目光忽闪不定，他面对英格丽的目光从来没超过五秒就移到了自己的手上、前方的墙上、眼前的桌子上或者别处。

英格丽为他找出了问题的症结所在：“第一，一个让人捉不住、飘忽不定的眼光，会让别人对你的信任程度产生怀疑，‘你有什么在隐瞒着我？你有没有真实地回答我的问题？’第二，这种眼光会让人反感，甚至惹怒别人，‘你不重视我，你不给我足够的尊重’。第三，它让人怀疑你是否‘身在曹营心在汉’，‘你是否在听我说的话？’第四，它让人猜测‘这是个没有自信心的家伙！’无论是哪一条，都足以让人不雇用这双眼睛的主人！”受尽了挫折的威廉姆吸取经验，终于在紧接着的面试中成功，在英国老牌金融公司罗斯柴尔德投资公司找到了一份薪水可观的工作。

虽然目光给了如此之多的功能，让我们缩短了人际间的距离。但是不恰当的目光——长时间地死盯着不放的目光也是不礼貌的。心理学家福斯特说：“我们不会死盯着看，只有对艺术品才能凝视。”死盯着不放的目光会让人产生被威胁的感觉，尤其是在拥挤的地方，个人的空间已经受到威胁，这才正是躲避目光的时候。在电梯、地铁、公共汽车上，对陌生人死盯着看会引起别人的反感。

我们不会死盯着别人看，只有对艺术品才能凝视。

漂亮非凡的演员詹妮在北京就遇到了这种“目光浩劫”。在亚洲大酒店的电梯中，詹妮与几位不相识的中国“绅士”一起进电梯，詹妮非凡的美貌显然吸引了他们的目光。他们仿佛有生以来第一次看到这样的人间尤物，眼光直勾勾、赤裸裸地毫不掩饰地盯住了詹妮的脸，有的人甚者用目光肆无忌惮地在詹妮身上、脸上来回扫荡。詹妮几乎要窒息了：“在电梯内不过20秒的时间，却显得那么漫长，我像是一只无助的羔羊被粗暴无礼的眼光宰割着！”

目光能够传达很多用语言难以表达的奥妙。心理学家发现，除了能进行思想交流之外，目光还反映出一个人的心理和精神状态。一般地，人们可能通过眨眼的频率、注视的长短、目光聚集的宽度、瞳孔放大的程度，不自觉地表现人的心理状态、态度、内涵。你是兴高采烈、充满幸福和自信的，还是没精打采、疲惫不堪、心怀叵测等等，都可以从你的目光中自然地流露出来。心情紧张、充满焦虑、忐忑不安的人，总是双眉紧皱，目光流露出不安、焦躁。一位赌场的常胜将军，通过观察对手目光的微妙反应来推测其心理状态，从而判断其手中牌的优劣势，这在西方已经不是秘密。“观察人的瞳距，可以推测他的幸福状态”，这个理论已经被心理学家研究证明，人在愉悦的状态下瞳孔自然放大，产生迷人的效果。一位心理学家在观察一组被测试的男性瞳孔，当图片是美丽动人、充满诱惑力的性感女郎时，被测试者的瞳孔会普遍地放大。

目光接触是如此有价值，使我们可以从目光中判断一个人的禀性和态度。人们对自己喜欢的人会多用目光，对不喜欢的人尽量不看；一个谈话时能用平稳的目光望着我们的人，会赢得我们的好感和信任——他可能诚实，心中无可隐瞒，他是个心胸坦然、自信有勇气的人；一个目光游离不定、扑朔迷离的人，让我们感到他不敢让别人看到自己的心灵世界，可能不诚实，心中有着不可告人的秘密；有权威、占强势地位的人，目光中透出威慑力，老板的眼光对其部下就有这种威慑力；善良、宽厚的人，目光中流出慈祥；冷酷、狭隘的人，眼神中放射出奸诈；大脑和心灵都是一片观察人的瞳孔，可以推测他的幸福状态。

空白的人，眼光茫然。

目光有强大的神秘的力量，它能够让人深深地感觉到这力量，它吸引人的注意力，有时我们有这种感觉，“好像有人从背后注视着我们”。目光也能够排斥接近它的人，那种阴森恶毒的眼光，被人们视为一种诅咒。在拜占庭和埃塞俄比亚，画中恶人的目光都不朝外看，因为害怕他们的目光会伤害到观画的人。在观察那些宗教的偶像时，我们不难发现无论是基督还是释迦牟尼，他们的目光都放射出超凡、从容、脱俗、宽容、仁爱的光芒，这种光芒能够安抚、平静一颗浮躁焦虑的心灵。

目光反映的形象内容太丰富和深奥了，我们用于描述目光的词汇是如此的丰富，它们能够活生生地勾画出一个个精彩的表情，神采奕奕、炯炯有神、虎视眈眈、虎目圆睁、望眼欲穿、含情脉脉、眉目传情、眼若秋波、左顾右盼、东张西望、视而不见、目光犀利、眺望、遥望、目光交织、眼中无神等等。这也是为什么那些世界名人、艺术家以他们迷人的眼光而著名。没有让人过目不忘的眼神，一个躯体便缺乏灵魂。如果你想树立一个有魅力、强大的成功者的形象，你会选择哪种目光?

英格丽建议：

1.相信自己的眼睛会说话，你的思想及你的心态正在通过你的眼神流露出来。

2.要全神贯注地注视着讲话者。

3.在近距离的空间，避免与人目光对视，如电梯、地铁等场所。

4.目光接触的时间保持适中，不要死盯不放，也不要左顾右盼。

5.每日对镜观察自己的眼睛，寻找不同心态的目光。

6.到咨询师、话剧或戏剧演员那里拜师求教。

没有让人过目不忘的眼神，会让人感到这个躯体缺乏灵魂。

自我提升形象设问

Enhance self-image Q

1.当我和人交谈时，我的眼睛是专注的，还是闪烁游移不定的？

2.我是否能够从一个人的眼睛里看到一些语言不能够表达的内容？通常它们准确吗？

3.我所见过的最难忘的眼睛，给我留下什么印象？

4.我自己是否经常从镜子中观察自己的眼睛？

5.面对镜子，我愉快时，看到了什么？我愤怒时，眼睛有什么不同？

第 27 节　不要光看他的外表——修养举止区别人

不要光看他的外表，要考虑证据，没有再好的原则了！

——查尔斯 · 迪更生

一个穿得好的人并不出众，他的优雅让他脱颖而出。

——奥斯卡 · 德拉 · 郎特

穿得好，但却无处可走。

——威廉姆 · 阿兰 · 怀特

温文尔雅的举止，更富有人情味，所以也就更具有男人气概。

——马可 · 奥勒留（古希腊哲学家）

不要以为穿戴得如同世界名牌大会战就能够表现出卓越的修养。

1995年，在纽约一家律师行里，中国的富豪钱先生穿着优质登喜路西服，打着灿烂辉煌的法国朗万领带，脚登闪亮的英国彻切斯皮鞋，全身被昂贵的世界一级名牌包装着，正在与自己的律师商谈对美国的合作伙伴所进行的诉讼。

钱先生瞪着眼睛，用手指着翻译大声地嚷着："你让他给我起诉该死的史密斯，我限他在半年内给我打赢这场官司，否则我可不养这群废物！"半年之后，他的律师丝毫不少地收取了昂贵的律师费用，钱先生的官司进程几乎为零。在新换的曼哈顿的另一家律师行，暴躁的钱先生气急败坏地对翻译说："你给我一词一句地翻译，他们要还像前面的那个饭桶一样达不到我的要求，我随时更换律师！"

在双方都出场的听证会上，钱先生时常破口大骂，拍案而起，时常要跳过桌子与对方搏斗，以至于他的律师和助手必须按压住他，正常的程序无法进行下去。几个月之后，钱先生失去了律师。这一次是律师解雇了钱先生，让他另请高明。愤怒的钱先生强烈地谴责"愚昧无能"的美国律师："都说美国律师最能干，我怎么遇上的全是笨蛋、蠢材！"

他的翻译在离开他以后无可奈何地说："我们先后换了三个律师行，经历了两年的持久战，公司花费了一百多万美金的律师费，我们的官司仍然以全面的失败而告终。每一次，他的出言不逊和粗暴无礼都会给我们带来巨大的经济损失，骄傲的美国律师们用消极的态度来报复他的粗暴。律师们是按小时收费，我们官司的赢输，对他们并无致命的伤害。在很多需要理性和修养的小节上，我们的老总不能展示给律师一个有成就的、卓越的中国企业家的形象，以至于我们自己的律师都怀疑我们提供的证据的可信度。"

钱先生的穿戴和外表包装是世界一流的，可是他行为、举止和修养却不能反映他外表的质量。有很多人把形象设计的概念理解为外表包装和视觉感官上的提升，而根本不注重自身内在的修养，这不是形象设计的全部内容。形象设计的包装是简单的，而提高和改善人的修养和内在内容却是复杂的、深刻的、全面的、长期的。个人的修养包含自身文化素质的提高、情操的升华，它还包括对人类心理的理解，对人们行为动机的理解和对基本人性、人格、社会、文化等等的理解，以及对此做出的相应的反应。它需要你有能力理解他人的心理反应，预测产生的结果及你的行为可能会留下什么样的后果。有人说："只有琢磨墨香之后，才能化为真正的人。"当你有了修养时，就知道一个人应该如何举止了。

有很多事情看起来和书上讲的礼仪、礼貌好像没有太大的关系，似乎是一件不足以挂齿的小事，但是，这些并不引人注目的小节却反映了一个人的修养，没有修养的举止会摧毁生活中的一些快乐，彻底改变人们对于你毫无瑕疵的外表的看法。朱丽娅从香港总公司到北京分公司出差，在国贸大厦里等电梯，待电梯停下，她正要进门，一个头发油亮、穿着西服的男人一个箭步冲到她的前面，等进了电梯，她看清楚了，那是一个外表英俊的男人，他坦然、自信，根本不知道他的举动给别人留下了什么印象。朱丽娅说："如果没有这个猴子般的举动，我会认为他是一个有成就的男人。但是我真为他的外表可惜，为他作为一个穿西装的男人而可怜。"今天，朱丽娅已经定居国内，工作在现代化的大厦，她对于这种现象已经是司空见惯、习以为常。她说："过去出门时，我以为前面的男士会像海外的绅士一样为我开门，以至于我常常被门撞到鼻子。现在我已经培养起了绅士的风度，习惯地为在身后的男士拉开门，不过，我很少得到'谢谢'的回报。"

很多成功的男人会认为，这看起来是一个无关紧要的细节，却让人上纲上线到"修养"的问题上，未免有些小题大做了。但是，仔细地想一想，我们生活中大部分的快乐都是通过有修养的行为得到回报的。我们每时每刻都在从内心里判断、评价一个人，陌生人的一个微笑，一句真诚的感谢，立刻会赢得我们由衷的赞赏："真有修养，真懂得礼貌。"同样的道理，无论你是什么人，你在做什么，每一个场合，每一分钟，只要有人存在，你的一举一动、一言一行都在表现着自己的修养，人们根据你的举动来判断：

“他，是不是有修养？”其结果再简单不过了：有修养，人们就喜欢你；没有修养，人们就厌恶你。

在任何场所下，不要以为穿戴得如同世界名牌大会战就能够表现出卓越的修养，就能够展现出迷人的形象。优秀的外表包装确实能够引人注目，但是，相应的举止和修养才真正让我们脱颖而出！然而，很多外表“卓越不凡”的人的举止却对不起他昂贵的服装，他们留给别人深刻的印象并不是杰出的外表、有修养的举止，而是自私的、缺乏教养的、让人反感和憎恨的低劣举动。

修养常常不在大事上，而是反映在那些你从来都漫不经心的小节上。你以为没人在意，但是这只是你自己在掩耳盗铃。某银行分行的大会上，行长在台上讲话，他好像是口中感到不适，扭过身去不假思索地在地上吐了一口痰。刚刚分配来的博士生说：“我不敢相信，这是我们行长的行为。”另一位具有金融硕士文凭的处长，讲到自己的顶头上司行长在处级干部会议上脱掉鞋，像个老农民一样惬意地抓着脚，这个处长感叹道：“我不知道这样的行长怎么面对WTO后国际金融界的挑战！”

一般来说，粗俗的举止基于两个原因：第一，没有生长在一个有良好教养的家庭，他从小就没有注意自己举止的习惯，他也没有被告知：“不雅的举止是让人无法忍受的！”第二，他现在依然没有良好的社交活动，因为，一个良好的社交圈子是不会容忍这些不雅之举的。无论是哪一种情况，在他的事业进入到了一个新阶段时，他都应该学习这个阶段的人所具备的知识，他应该知道，很多有地位的人对于举止不雅的人怀有成见，他们会从内心里鄙视一个不注重修养的人。举止，把一个人与动物区别开来；修养，把一个文明的人与进化中的人区别开来。

修养体现在我们的一举一动之中，有标准社交举止的人并不一定就有修养。这让很多成功的人很困惑，一些人幼稚地以为强干、威力、尖锐的做事方法就会获得别人的重视和尊重，“据理力争”“得理不饶人”“痛打落水狗”的行为和咄咄逼人、气势汹汹的态度，并不会强化你的成功者形象。

修养常常不在大事上，而是反映在那些你从来都漫不经心的小节上。

在文明社会里，一个优雅高尚让人尊重的形象，绝不会来自强暴、争斗、金钱的堆积和权力的掌握。因而，有位朋友总结道："有钱买不来尊重。"宽容、大度、得理依然饶人的处事态度，比你懂得如何欣赏战国时代的古董更让人尊重。

在纽约工作的股票经营人查理·王讲了请两位客户吃饭的故事。巧合的是两次都发生了汤洒在客人身上的事。第一位客户是中国的富豪，他暴跳如雷，找来餐厅经理，"我的衣服你赔得起吗？你们看怎么办？"他要求赔美金，并解雇服务小姐，最后达成协议，餐厅为他干洗西服，口头上答应解雇服务员并免去餐费。第二位是中国的一位文化商人，这次是查理表示愤怒了，餐厅经理惊恐万状，但是这位商人表示："人家也不是故意的。"以息事宁人的态度了事，这次餐厅又免去了查理的请客费。同样的事，反映了两个人的修养，但是在查理的眼中，他们有着截然不同的形象。

我们应该念念不忘，我们的生活是由各种微小的细节组成的，微小的事物总能够引发出伟大的结果。恶劣的小节，也会导致恶性的影响，留下恶性的印象。小事不为者，大事难成。对于修养小节视而不见，疏而忽之，久而久之，就会自然而然地养成恶性的习惯，而习惯又会渗透到思想意识之中，它不但会导致恶性的、愚蠢的、堕落的思维方式，还会污染一个人的灵魂。

到底什么才是优雅的、有修养的举止呢？有很多人把彬彬有礼和矫揉造作混为一谈，对于很多没有良好的内在修养的人来说，刻意地寻求优雅的举止，确实会显得装腔作势、东施效颦了。修养是一种忘我的境界，在这个境界中，你自然、朴实无华的举止会处处流露出高雅。真正良好的修养并不是体现在外表上，人们只看见一个有教养的人举止高雅，却没有看到内在的实质。有修养的举止，是利用外在的一举一动来传达我们内心对别人的尊重的一种方式，它源于对事理、人情的通达。有修养的举止能够美化我们的外表。修养的培养来自于不断的实践和观察，就像其他良好的习惯一样，要养成这样的习惯，你必须要不断地实践。

有钱买不来尊重。

英格丽建议：

1. 遵守最基本的社会公德，遵守社会秩序。

2. 不要在公众场所哗众取宠，大声说话，不要使用尖刻的语言。

3. 礼貌待人，尊重别人，别人才能够尊重我们。

4. 学会帮助别人，学会说“谢谢”。

5. 敏感地体谅他人，注意生活中的细节，正是细节区别一个文明的人和一个粗俗的人。

6. 尊重女性，懂得“女士优先”，让女士先出门，为女士开车门，为女士穿大衣。

“一日三省吾身”，从现在做起。

自我提升形象设问

Enhance self-image Q

1. 我是否懂得什么是社会公德？什么叫做礼貌？

2. 我是否经常说“请”“谢谢”？

3. 我如何看待那些在公共场所争、抢、挤的人？

4. 我自觉遵守公德是为了给别人看吗？

5. 我在公共汽车上是否会为老弱妇幼让座？

6. 在没有人的时候，我是否也自觉地不乱扔垃圾、不随地吐痰？

7. 我是否有在飞机、火车等公共场所脱掉鞋的习惯？我是否考虑到会影响别人？

8. 走到门前，正好有人在我身后，我打开门等着他，还是甩手自己走？

第 28 节　面随心变——你无法包装的心灵光环

人的自然美与外在的修饰是浑然不同的。

——威廉姆 · 阿尔克特（美国教育家）

破山中之贼易，破心中之贼难。

——王阳明

“爱”是结合、和谐、一致的力量；“恨”是分离、不和、斗争、冲突的力量。

——恩培多克勒（古希腊哲学家）

宁静致远。欲求宁静，贵在养神。

——中国古语

我们无法掩饰的内心世界会在不知不觉中通过我们的形象流露出来。

英国BBC电视台播放过这样一个节目，心理学家想证明，一个人对人生的态度反映在他的外在形象上。为此，他们对一组陌生人进行了有趣的实验。

心理学家们选择了伦敦一家偏僻的小咖啡厅，并在里面安置了录像机。这个小小的咖啡厅内仅有三张桌子，每张桌子都坐着一个心理学家选来的“实验人物”。这三个“实验人物”中，一个是心态乐观、热爱生活、身体健康的中年男人，他喜欢看足球比赛，还酷爱买体育彩票；一位是一个外表英俊、潇洒，但是性格忧郁、腼腆、缺乏自信，对人生悲观、失望的小伙子；另一位是有学识、秃头、只对知识感兴趣的中年男子。

心理学家让他们各自手拿当天的、同样的报纸，各自桌前摆着自己的咖啡，不要理睬任何进来买咖啡的陌生人，以便观察陌生人会选择坐在哪一个人的身边。在录像的时间内，前后共有六个人进门来买咖啡并选择在店中喝咖啡。这六个人在选择位置时，都犹豫不决地环视坐在那里的三个人。让心理学家惊喜的是，其中有五位选择坐在了那位心态乐观、热爱生活的中年男子的桌旁，其中有两位还主动地与他打招呼、交谈。这对于矜持的英国人来说，并不是常见的。只有一位漂亮的年轻女性，在犹豫了一会儿之后，选择了坐在那个悲观的小伙子的身边。她腼腆地、主动地与小伙子打了招呼。

在后来的采访中发现，这位乐观的中年人还是一个非常幸运的人，他最大的乐趣是购买体育彩票，他的彩票还常常中奖。而那个坐在悲观的小伙子身边的漂亮女性和小伙子一样缺乏自信，或许还有别的原因让她选择了这个英俊的小伙子。而那个只喜欢知识的学者的身边空无一人。

心理学家认为，人是如此奇怪的动物，我们在无意识之中能够洞察别人的内心世界和他们对待生活的态度，我们会选择那些与我们价值观相同的人。我们无法掩饰的内心世界会在不知不觉中通过我们的形象流露出来。

显然，有关我们自身的信息已经不仅仅通过我们的穿衣、发式、举止、生活方式等等来流露了，那些我们自以为隐藏很深的内心世界，我们以为只有自己才能够知道的思想、人生态度、处世哲学、世界观、价值观等等，也悄悄地通过我们形象的光环在向外渗透。正如心理学家的实验所要证明的，积极的心态会吸引积极的人，还会吸引财富。同样的道理，消极的心态会排斥财富和机遇，驱赶要接近你的人。

美国心理学家芭芭拉·鲍维尔博士根据印度的人体色谱的理论，专门研究人体所散发的光环。她发现人的光环是有模式的，人体光环的模式能够揭示一个人深层世界的情感、价值观、行为方式、生活态度、健康状态、性格特点，甚至其他的后天形成的道德和修养，可以由此断定他是否值得信任，是否正直，是否有修养。她宣传：这个系统的研究给了我们一个透视人内在世界的工具。芭芭拉认为：“人体光环是一个人灵魂的指示灯，它是一个人精神的精华向外发射的信号。”她根据人们对于事业、幸福和自我价值实现的观念来观测他们的光环，总结了 14 种人格。她研究光环的目的是为了帮助人们自我认识，高效地交流，寻找适合自己的生活道路。但是，她的研究间接地解释了一些我们不可理解的奇怪现象，为什么在很多情况下，一个陌生人还没有开口，我们就会产生莫名其妙的好感或者厌恶感。虽然我们无法看到芭芭拉所研究的光环，但是科学证明，任何生物都会放射电磁波，这个磁场形成了人体的光环。我们的身体中也有一个敏感的天线，能够准确地察觉到另一个磁场的实质内容，我们由此做出决定——喜欢他，还是排斥他。

这样的研究结论，解释了为什么被认为是迷信的中国相面术在西方开始有了市场。西方的一些人开始试图利用中国古老的相面术揭示人的内心世界。西方研究面相的专家认为，人的面相与心态紧紧相连，这正符合我们中国人常讲的“面随心变”的道理。那些所谓有幸运面相的人的鼻、口、眼、耳的形状和结构和谐，整个面部神态及人的神情所放射出的是慈祥、仁爱、乐观、宽容，这种不可见的光环，让观察者可以感受到美好、和谐、愉悦，因而人们愿意去接近他们，也愿意为他们提供更多的帮助和机会，人的面相与心态紧紧相连。

“幸运”也就如此降生了。想象一下宗教形象的代表，无论是佛还是基督耶稣，他们的面部都放射着安详的光芒。这种安详的磁场有种温馨又清凉的安抚力量，无论你是心浮气躁、愤恨不平，还是烦恼痛苦、心灰意冷，他让每一个走近他的人都会感到永恒的境界是什么。

而那些有着“凶险”相貌的人，就如同传说中那些凶神恶煞的形象，他们的面貌不和谐地堆砌在一起，眉头紧蹙、龇牙咧嘴、肌肉紧张，面部放射出让人感到紧张、痛苦、不可信任、恐怖的神态，反映的是内心的焦虑、不安、狡诈、狭隘，甚至狠毒、仇恨和愤怒，哪里有人喜欢这种感觉？因而，幸运不愿意与之同行，凶险和厄运也就随之而来。

在研究心理学中被全世界普遍承认的漂亮标准时，英格丽惊奇地发现，被世界各国公认为美人的标准恰恰与中国面相之中“幸运”“福”相背道而驰。心理学家通过对35个国家的上万人次的测验，发现人们普遍认为高颧骨、短人中、窄鼻梁、尖鼻头的女人“漂亮”。然而，面相书的幸运之相都是长人中，宽鼻子。这让我们理解了美和漂亮是两个不同的概念，由此也可以解释为什么古人常叹“红颜薄命”了。

在今天高压力的、强竞争的生活环境中，人们很难体验到古人那种宽松自然、享受生活、闲情逸致的人生态度。不安全、突出自我、征服、贪欲、自私、放纵、残酷、悲观、消极等等不健康的心态，都会不知不觉地反映在人的整体形象中。对那些不注重自我修养，不追求人际和谐、友爱、仁慈境界的人，外表精致的包装终究掩盖不了内在劣质的产品。其形象不能够把他们列入卓越的成功人，他们的心灵世界还处在低级发展的阶段。因而，保持内心的正直、诚实、乐观和积极的人生态度，理解别人、尊重别人、追求人与人之间的和谐友爱才是成功形象的永恒原则。否则，任何美好的形象都是昙花一现，留下的仅仅是金玉其外，败絮之中。

人的形象和内在世界之间是相辅相成的，我们常常可以从一个人的外在来判断他的思想和灵魂。

我们常常可以从一个人的外在来判断他的思想和灵魂。

英格丽建议：

1.修身养性，做一个诚实而正直的人。

2.保持乐观、积极进取的人生态度，以吸引幸运之星。

3.静心体验宇宙与人生合一的境界，领悟生命的意义。

4.放弃狂妄和自大，把我们的人生坐标放到无垠的宇宙中，感受人类的渺小，个人更加渺小！

5.轻松地寻求卓越的人生，但是，告诉自己：事业只是寻求卓越的一种手段。

6.有信仰比什么都不相信更能让你平静、祥和（信仰不等于宗教），想象永恒的宇宙。

7.常常提醒自己："不要让贪婪的欲望、愤怒的情绪、强烈的激情占有了我。"

自我提升形象设问

Enhance self-image Q

1.我是否能够从一个人的面部捕捉到一些语言上得不到的信息？

2.我是经常地处于激动、兴奋、焦虑、担忧的状态，还是内心平静安详？

3.我是否能够每周有一些时间自己独处？我一个人的时候是什么感受？

4.我是否有时候口是心非？当不说真实想法的时候，我有什么感受？

5.从镜子中看自己，我看到的是什么样的人？平静还是焦躁？

6.看一看我几年前的照片，对比现在，我的面部有什么变化？

礼 仪 篇

你 的 形 象 价 值 百 万

第 29 节　你在品味食品，别人在品味你

在餐桌上的表现可以推测在董事长面前的表现。

——华盛顿国家餐饮协会主席

你如何进餐，你的礼节，你与刚相识的人相交往，你如何在特定的环境中表现，都最能说明你这个人。

——莱文顿博士

餐桌上的举止是对一个人的礼仪和修养的最好考验。

在英国金融城一个豪华的法国餐厅，英国一家金融机构的两位负责人宴请中国某金融代表团，随行作陪的有英国金融机构的华人弗朗斯·蔡。

一位带着浓重法语口音的侍者走进来问客人："请问您需要什么饮料？"英方的主人请代表团的客人点酒。中方客人看不懂英、法两文的酒单，请弗朗斯代点酒，弗朗斯为他们点了法国红酒布都尔。一会儿，侍者拿着酒瓶，打开后，请弗朗斯品尝。弗朗斯按礼节请中方的领导品尝，领导坚持推卸，弗朗斯按规矩品了品酒，表示认可。法国侍者为领导斟了酒，领导尝后并不喜欢："法国的酒怎么这个味道？还是按中国的老习惯，让他们给我在酒里加些冰，加些柠檬。"身边的英国人在矜持、有礼貌地与客人们说话。弗朗斯犹豫了一下，心里不免有些担忧："这可是个地道的法国餐厅，一举一动都被人判断着我们是否懂得法国餐厅的规矩。我们要把中国的这种'土法'用到这个豪华的法国大餐厅，别人会怎么看待我们中国人在餐桌上的礼仪。"但由于领导不习惯喝干红，弗朗斯只好对侍者讲："请在酒中加些冰和柠檬。"法国侍者略带傲慢地说："先生，法国的红葡萄酒是不加冰和柠檬的，否则就会失去了法国酒的醇味。"这时弗朗斯的民族自尊心被触动，他盯着侍者，坚定不移地说："我要冰和柠檬，请拿来！"他如愿以偿得到了冰和柠檬。

但是弗朗斯并不得意，他说："虽然法国侍者拿来了冰和柠檬，但他和别的人对我们几个中国人的奇异眼光使我无法承受。代表团成员毫不在意的穿着和我们独特的用酒方式，让我们几位中国人看起来如同是来逛大观园的刘姥姥。显然，我们的客人不懂得西餐桌的礼仪知识。用餐时，又像儿童似的把餐巾布塞在脖子下面。"

在国外，商业午餐、晚餐的目的不仅仅是为了吃饭。其实餐桌上的举止是对一个人的礼仪和修养的最好考验。你的事业可能会在餐桌上发展起来，也有可能在餐桌上跌落下去。很多对此并不敏感的人，应该时刻提醒自己，餐桌上活动的目的并不仅仅是填饱肚子。如果你平日不注重自己在餐桌上的礼仪和举动，或者缺乏餐桌上的知识，到时就会感到紧张和压力，你举止的笨拙就可能显出自己的“本性”。

很多需要体面的机构在雇人前的最后一关，会选在餐桌上。尤其是律师所和金融机构，会在录取你之前，客气地请你去高档的餐厅进餐。不过，先不要得意忘形！这时你的一言一行、一张口、一招一式都将在别人的仔细品味之中。你如何点酒，点什么样的酒，你点什么主食和大餐，他们会像一个心理学家观察自己的研究对象一样，对你的出身、修养、品位、性格、爱好等等进行判断。其实，这一切在你还没有坐在桌前时就已经开始了。从你入门起，你的举止就开始反映你的形象，你如何进门、如何就座、如何照顾客人、如何点酒和点菜，你如何在餐桌上表现你的礼节、如何对待侍者、你在各种气氛下如何表现，都在告诉别人你是个什么样的人，会如何应付社交场上的活动，是否适合代表公司与外界交往。

有很多事情就是这样让人愤愤不平！有的中国人过五关斩六将，终于快拿到高薪水的金融工作，却一个跟头栽到了餐桌上，没能够过餐桌上这一关，结果是前功尽弃，空欢喜一场。由加拿大前去伦敦面试的爱德华·梁是个IT界的高手。在两天之内被某个银行的八个人面试，双方感觉都非常满意，爱德华前去伦敦与朋友会合的希望就要实现了。但是，在加拿大没有练够“洋餐”功夫的爱德华，在第二天中午的午餐上，出尽了“洋相”。

爱德华点了自己最熟悉的意大利粉，这是在餐桌面试的“点餐之忌”。意大利粉对于意大利人都需要全神贯注地用刀和叉熟练地配合才能够进入口中，而爱德华的心情本来就紧张，加上他又不能熟练地运用刀和叉，当那长长的面条在快进入口中时，突然落在他的西服上。餐桌上的失控使他感到尴尬万分：“我的紧张和窘迫使我再无法正常用餐。”

“在餐桌上看人的教养”的说法并不是没有道理的。如果我们在看足球赛，你的粗犷的举止和狂呼高喊不会影响你的形象，但是在餐厅上你由于讲话声音大而引人注目，并不是体面的事情。虽然东西方的食品差别巨大，但是有些餐厅上的礼节和高雅行为的标准却都是相同的。

在餐桌上说话一定要控制音量，更不要一边大口地嚼着食物，一边还要热情洋溢地对人讲话。再美味的汤也不至于让人享受得忘乎所以，喝汤时要控制自己的本能，不要咕咚咕咚地大口喝汤，也不要发出只有动物才有的“嗞嗞”声。伦敦华人杰曾经陪一位北京的客人在伦敦的一家西餐馆吃饭，客人的餐桌风度留给她深刻的印象：“他粗莽地把刀和叉弄得叮当响，他旁若无人地大声说话，吸引了英国人不断朝我们这里张望。他把整大块肉放在口中嚼着，而且还滔滔不绝地讲着自己的业绩，使得我担心，他口中的食物时刻都会喷在我的脸上。”

很多时候我们吃饭的目的不是充饥，而是为了礼节和交流情感。餐桌上的表现正是考验一个人有无修养的最好时机，也是“炼真金”的好时刻。难怪很多人都谈到与客户一起吃饭“累”，因为如果平时没有良好的进餐习惯，就必须紧张地控制自己的本能和习惯，就不能够在餐桌上轻松随便，否则，伪装的“狐狸尾巴”就会露出来了。

值得一提的是，你对酒的知识，对食物和烹饪的知识，在从侧面衬托或毁坏你的形象。商业会餐一般都是在高雅的餐厅和酒店，也许你习惯了吃水煮鱼、涮羊肉，但是为了你的事业能飞腾发展，了解西方一些简单的餐桌上的礼节和知识会让你少出差错。

英格丽建议：

1.主人应早于约定时间几分钟为客人服务。

2.当侍者领入位时，应该先让客人入位。

3.把最好的座位让给客人，主人坐在客人的左边。或者说主人右边的人是最重要的人。

4.请客人先点餐，如果客人点汤，你也点汤。

很多时候我们吃饭的目的不是充饥，而是为了礼节和交流情感。

5.在吃西餐时，不要点让你难以处理的食物，如法国洋葱汤、大虾、意大利粉等。

6.不要强迫客人喝酒，如果客人点酒，主人也应点酒；如果你不喝酒，可以点非酒精饮料。

7.无论食物多么美味，都不要用“叭叭”的响声来赞美。

8.喝汤时不要发出“嗞嗞”的声音，把汤送入口中而不是吸入口中。

9.适量地把食物放入口中，不要像饿汉一样让口中塞满食物。

10.不要把不能咽下的东西在众目睽睽之下吐出。侧在一旁，在不引人注目时吐入餐巾纸内。

11.不要过于热情地与别人分享食物，不要用自己的餐具为别人夹菜。

12.不要像动物一样下手抓食物。

13.不要坐立不稳、弄手抬脚，把餐具弄得叮当作响。

14.不要在吃东西时说话，必须回答别人时，先咽下口中的食物，再回答。

15.不要张开大口当众剔牙。

16.不要在用餐时吸烟。

17.不要劝酒，尊重别人的选择。

18.不要抱怨食物不好。

19.不要吹热咖啡或菜，让它自然凉。

20.双肘不要放在桌上。

21.主人应准备好付餐厅最昂贵食物的价格。

西餐的基本知识

餐巾的用法：

1.西餐巾应该对折成长方形或者三角形，平放在大腿上，不要像婴儿口垫那样掖在脖下。

2.用餐巾擦嘴时，用手指轻揩，而不要团成一团或者用力抹擦，更不要用它擦脸，擦桌子。

3.用餐期间离开餐位，将餐巾留在椅子上，表示用餐没结束，将很快返回。

西餐餐具：

1.左手拿叉，右手拿刀（只有美国人在用餐食时才右手拿叉，左手拿刀）。

2.餐桌上的餐具，要从外向内地使用。

3.吃多少，切多少，不要预先把全部食物都切好。

4.完成进餐时，叉与刀并排放在盘中右边，表示用餐结束，侍者会拿走餐具。

西餐的顺序：

1.开胃菜或者是汤。

2.主菜（有时海鲜在此之前）。

3.甜食、水果、蛋糕或冰淇淋。

4.咖啡或茶。

酒：

在英国“吃饭喝酒”是晚餐共同进行的活动。酒是西餐中最有讲究的助餐物，对酒的了解是对人的考验，不同的酒用不同的酒具。酒具、持酒和品酒的方式有标准。

在正式的西餐中，选配的酒都属葡萄酒，它们分为红葡萄酒和白葡萄酒。酒菜应当相互配合，大部分情况是白肉（鱼、鸡）配白葡萄酒，红肉（牛肉、羊肉、猪肉）配红葡萄酒。其原因是红葡萄酒浓厚与味重的红肉一起会互相配搭，而清淡的白肉与味淡的白葡萄相互搭配。虽然这并不是绝对的，但西方人大部分遵循这个酒与餐相搭配的原则。

干白葡萄酒可以配：鱼、海鲜、猪肉或鸡肉。

干红葡萄酒可以配：牛肉、羊肉、意大利粉。

甜红葡萄酒可以配：甜点心（最后一道）。

酒的顺序：

味道越浓的酒越放在后面饮用。通常是白葡萄酒先于红葡萄酒，年限短的酒先于年限长的酒；未加糖的酒先于加糖的酒。但没有任何人在葡萄酒中加冰和柠檬。

1.餐前酒，用在主食之前，有香槟或鸡尾酒。

2.餐中酒，以葡萄酒为主。

3.餐后酒，在甜食后，有白兰地和其他酒，大部分人不选用这些酒。

品酒：

一般情况，侍者会先拿来酒向你展示商标，然后打开瓶盖，倒入酒杯少许让客人先品尝，品尝者会点头表示“好酒”，然后侍者依序为客人斟酒。几乎是百分之百的，客人会认为酒是无问题的。一般情况，酒只倒满杯子的三分之二。在西方，人们不像在中国有“劝酒”的习惯，人们各自量力而行，尊重别人的能力和选择。

自我提升形象设问

Enhance self-image Q

1.商务餐的目的是什么？是为了充饥吗？

2.和别人用餐时，我是否有让别人等待、自己晚到的行为？

3.我是否热情地用自己的筷子为别人夹菜？

在餐桌上说话一定要控制音量，更不要一边大口地嚼着食物，一边还要热情洋溢地对人讲话。

4.我吃东西的时候是否还说话？

5.我是否有强迫别人喝酒的行为？

6.我是否有当众张开口剔牙的习惯？

第 30 节　附庸风雅，假装贵族——高尔夫球场上的绅士

如果你不是个好高尔夫球手，千万不要在场上伪装。

——杰夫 · 里文斯通

好举止是由那些不起眼的细节组成的。

——爱默生

并不是能够挥杆就是“绅士”了。

威利·马与他的英国同事尼奥陪同一位来伦敦访问的中国商界名人方总打高尔夫球。在伦敦曼特莫尔高尔夫球场的第一个洞的开球处，三个人正在等待着发球。

这时，方总的手提电话响了起来。电话铃声使得前面一组正在挥杆的人停住了挥杆动作。方总打开了电话，热情地说：“你好，我在伦敦打高尔夫呢！这里好极了……”前面一组的人回头观望着方总，等待着他关机，以便再发球。方总并没有意识到英国人眼光背后的内容，继续聊天。开球处一位管理人员走过来对威利说：“先生，球场的规矩，你们了解吗？”威利尴尬地说：“对不起，我请他马上关机。”方总不高兴地关了手机。

打球开始了，方总的技术并不像他自己描述的那样高超。第一杆下去，他的球就非常不理想地落进了草丛。他毫不介意地说了声：“重来一次！”就再次发球。连发几次，他的球不是落在草丛中，就是落在沙坑里。他都要求“重来”，但是却不在自己的计分单上加上杆数。

由于他常常要求重打不理想的球，影响了他们的速度。缓慢的速度使威利不得不按规矩两次让后面一组先超越他们。每次打完球，方总都会把球杆递给威利，由威利替他放回包中，击球前又向威利发号施令：“三号木杆”或者“七号铁杆”。每当他的球打丢失了，他就把手伸向威利：“再来一个球。”每当威利要找球，他都会豪爽地说：“别找了，别浪费时间。”一场球下来他丢了十几个球。威利的同伴英国人尼奥非常不满地对威利讲：“你应该教会他理解球场上的礼仪。难道他在中国也这么打球？”从此，威利发誓再也不陪同中国的代表打球了。

在我们印象中，在中国能打高尔夫的人都是事业上非常成功的人。如果按朱熹的“循礼而行”是“成大事之人”的第一人性品格的话，这些成功的人应该是最懂得“礼仪反映在我们所从事的任何一项活动中”这句话。然而在那种只有“成大事之人”才能够进行的活动中，这些“成大事之人”的行为却与他们应该具有的第一品质不相符合。

这个一转身、一挥杆的动作几乎包括了成功学所探讨的一切人生的内容。

的确，高尔夫在全世界都拥有“贵族的运动”的美誉。美国作家艾丽斯·卢丽把高尔夫描述成高级运动，因为：“一项高级别的运动项目，从定义上来说，就是要求大批昂贵的用具，或者昂贵的设施，或二者兼备的运动。最理想的是，这项运动应该能够迅速消耗物品和各种服务。例如，高尔夫就要求许多亩未经耕种、建筑，或用于商业目的的宝贵土地。完善的高尔夫球场还需要经常除草、浇水、修剪，并且用价格昂贵的机器对草地滚轧。”在这样昂贵的运动中，我们认为，一个人能够出现在高尔夫场上，他至少是个有产阶级，他一定能够支付得起昂贵的高尔夫的费用，他一定事业有成，他还有品位和修养，他的举止应该和他的成就一样让我们敬佩。

但是，出现在高尔夫球场的人并不意味着就进入了所谓的“贵族”阶层，并不是能够挥杆就是“绅士”了。所谓的“贵族”，并不是有钱之族。“贵族”是需要一定的精神品质和文明修养的。因此，“贵族的运动”的真正含义，也并不仅仅局限于它昂贵的场地费及运动器械，更重要的是，进行这样的运动，需要运动者有一定的“贵族品质”。它要求运动者心平气和、全神贯注及周密的策略、冷静的头脑，任何杂念和外界的扰乱都会破坏运动者的心绪，而导致打球者出杆失败。任何懂得高尔夫技术的人都知道，这项运动的取胜在于能有稳定、祥和、自信、沉着的心理，排除焦躁、好胜、争斗、恐惧、多变的情绪，能够从容镇定地处理不理想的状态。依靠体力、爆发力、激情、冲动和冒险在高尔夫场上并不能给你带来优势，相反，它可能是导致失败的重要原因。

正是打球者必须修炼的“绅士”品质，使高尔夫被列入“贵族运动”。只要焦躁，你的球一定进入草丛；只要你望着前方的水池时缺乏自信，祈祷“千万别落到水里”，你的球一定落入水中；只要你大脑不专注，距球洞半英寸的球也不会进洞。没有比这个小小的球更能够考验你的心理素质了！没有高度的自我修养，就无法达到这种平静祥和的境界，也无法成为一个出色的球手。

只要焦躁，你的球一定进入草丛。

高尔夫在西方又被称作“绿色鸦片”，很多人开始接触它之后，就情不自禁、不能自拔地爱上了它。那挥杆的动作看起来如此简单，但是它却让你体会到了：你永远也达不到完美！你永远需要超越！你的不良心态是你最大的敌人！但是，它又在不断地鼓励你。因为，你会发现，你每天都在进步、提高！只要你努力，你总能够战胜自己！这个一转身、一挥杆的动作几乎包括了成功学所探讨的一切人生的内容。它教会了你什么是领悟，什么是提高，什么是超越，什么是专注，什么是和谐，你深深地懂得了平和、松弛、自信的心态会如何地回报你。就在这样的专注投入、静心的领悟中，你修炼了平静，你成了“贵族”。它就这样让你上了瘾，有时一天能练几百个球，依然觉得不满意。一位英国的老绅士说：“高尔夫球，是自己战胜自己的活动，是追求个人完美的运动。我在打球中学会了平静与祥和，这是我唯一可以打好球的原则。”这正是它被称为“贵族”运动的真正原因，我们必须记住，狂妄、焦躁、粗鲁、气盛的心理不能产生“绅士”的举止。

在现代商业交往中，很多商业的谈判、前期接触及保持客户关系都在高尔夫球场地进行，而不是在足球场、网球场上进行。因为高尔夫球场为承受高压的商人们提供了一个轻松的交流环境。但是，和餐桌上的礼仪一样，球场上的礼仪和行为是检验一个人的情绪、思想状态、性格、修养的最好时刻。这时，公司和个人的形象，是通过你对高尔夫的礼仪的遵循和球艺来表现的。这使得西方的金融、保险、高级销售界及客户关系的经理们会花费大量的时间在球场上，他们对高尔夫的精通，不亚于职业高尔夫球手，更重要的是，他们的礼貌风度、修养才是保持客户的重要原因。

在中国，“贵族运动”意味着“有钱人的运动”，“贵族”意味着是物质成就上的标志。“物质贵族”产生的时间，只有几年，甚至更短。许多“贵族的活动”是暴发户们显示自己物质实力和身份的最好时刻，而活动本身所包含的修养和内涵对他们而言毫无意义。

公司和个人的形象，是通过你对高尔夫礼仪的遵循和球艺来表现的。

然而，在西方，“贵族”的含义包含了对一个人品行的描述，对礼仪的精通。只有财富上的成就，没有优雅的举止，没有绅士和淑女般的风度，也不能算是贵族。在英国人观念中，贵族是指那一群不但有钱，而且深谙贵族礼仪的人们。正如在英国，伦敦人称南肯辛顿区为“老贵族”区，指的是在那里生活的是英国遗留下的贵族、皇室。因为人们相信那些高雅的举止是由豪门家庭长期熏陶培养的结果，这种优雅和高尚是用金钱买不来的。因此，那些非“贵族”出身的新贵们都会在成功之后或之前，为自己的举止、礼仪付出卓越的努力。这也是为什么很多美国的新贵族们去英国学习礼仪，甚至出重金去买“爵位”，以区别自己与众不同的“高雅”和“高贵”。

所谓的“贵族运动”，也是文化的沉积。早年这些运动用其昂贵的消费和繁琐的礼仪把贵族与平民区分开来，现代社会民主制度的发展，让平民和贵族都可以平等地参加这些贵族运动，然而运动的精华——礼仪，却依然保留着。无论你是什么人，到高尔夫球场上都要遵守场上的礼仪。前面已经讲过，比尔·盖茨由于穿着不得体，球场的管理人员可以不让他进场。

在英国很多私立的高尔夫俱乐部都有着严格的推荐和考试制度，想要入会的新会员，必须要由了解他的三个老会员推荐，并且通过了“沟通”技能的面试和高尔夫球场上的礼仪考核才能入会，其目的是保持其俱乐部成员“绅士”素质的纯度。对于一个真正的“贵族”和绅士而言，他们参加贵族活动已经习惯成自然，自觉地遵守球场的礼仪，不用在场地上设置“不许开手提电话”“不许大声喧哗”的标牌。

经历过这种考验的英国阿比银行的比尔说：“在这个俱乐部打球的人的素质和行为让我明白了他们为什么设立考试入会制度。在那个球场上，人人都是绅士。他们彬彬有礼，友好而优雅，没有手提电话声，连说话的声音都很小。”他曾在中国青岛打过一次球，领教了身后的“贵族”们的喧哗和显赫。很多人参加所谓“贵族运动”的目的是为了显示身份，把自己纳他们的内在世界缺乏作为一个成功者拥有的真正的自信，这种自信产生于内心深处对自己的满意，对生活的信任，对他人的尊重。

入“高消费”“有钱人”的行列，为的是附庸风雅，假装精神贵族。不提高个人的修养和素养，只能够停滞在“土大款”的阶层，永远无法走进真正的“贵族”行列。

从心理学角度分析，虽然无穷多的“物质成功者”摆脱了贫穷的威胁，但是他们没有摆脱“心理贫穷”的阶段，长期形成的不安全、不自信，使他们感到，只有通过参加这种“贵族运动”来展示自己已经步入“富豪之列”，这样他们才会被人刮目相看！他们的内在世界缺乏作为一个成功者拥有的真正的自信，这种自信产生于内心深处对自己的满意，对生活的信任，对他人的尊重。这些，是用金钱无法买到的。

英格丽建议：

1.学习高尔夫的规则和礼仪（本书不细讲）。

2.穿着规范的服装入场，穿高尔夫专用鞋。

3.对别人打出的好球要由衷地赞赏。

4.要善待球童，他们是你的伙伴，而不是你的奴隶。对于球童的态度，能够看出一个人的修养。

5.做个诚实的人，诚实地计分。

自我提升形象设问

Enhance self-image Q

1.我打高尔夫是为了什么？为了显示自己属于高贵阶层还是真心喜欢？

2.我懂得高尔夫场上的基本规则吗？即使没有人监督，我是否能自觉无论你是什么人，到高尔夫球场上都要遵守场上的礼仪。

遵守这些规则？

3.我在场地上能打电话吗？别人打电话时我如何看待他们？

4.打高尔夫，除了提高技术之外我还学会了什么？

5.我的高尔夫哲学观是什么？

第 31 节　不守时的人不可信！——守时就是信誉

不管你达成什么样的协议都要遵守。

——佚名

拖延是偷时间。

——佩里安德

遵守诺言，话出口，记在心，行在世。

——奇伦（斯巴达哲学家）

尊重别人的时间是对别人的基本尊重，也是对自己的基本尊重。

刚归国的于泽，结识了新朋友飞和慧。飞和慧都是房地产行业的成功新秀。三个人组成了业余羽毛球小组，每周在固定的时间进行两次锻炼。泽自愿做了小组的负责人，负责订场地。泽总是遵守时间，在约定的时间之前，先在体育场等待。飞和慧两个人，不是迟到就是无故不来，当泽打电话询问时，慧若无其事地说："我正在和别人吃饭，你打完球也来吧！"有时飞和慧都不来，留下泽一人沮丧地在球场上等待。

在此之后，学聪明了的泽，先问好飞和慧的时间，确凿他们晚上确实没有客户，再订下球场。但是，飞和慧迟到和失约的事依然发生着。两个月后，三个人终于发生了冲突。忍无可忍的泽对飞说："如果你们不能来，能否预先电话通知我，以便我有时间找别人。否则，让我在这里苦等是在浪费我的时间。"飞说："这又不是什么大不了的事，何必那么认真？要是不忙，我们能不准时来吗？"泽说："如果你们尊重别人，也让别人尊重你，就要遵守时间。你们是商人，遵守诺言是商人的信誉，你们如果和客户这样交往，怎么让他们信任你？"不愉快的飞说："我和客户从来都是守约的。中国人的观念不同于西方，你要改一改你严谨不变的信条，你要学会融进中国文化，否则你会碰得头破血流的。"泽不解地问："难道不守时间也是中国人的文化？"下一次，泽学得更聪明，他雇了一位球技高超的陪练。从此，他再也不用为他们长期不守时而与他们发生冲突。

不久，慧由于生意发展的需要，想和泽合作，泽婉言谢绝了。严谨的泽认为一个不守时间的人做事"没谱"，他不想承受已经能够看到的挫折。

约会见面的事情在日常生活中频繁发生，即使是朋友之间，迟到、失约也会严重影响一个人的声誉。也许，很多人认为，"迟到一会儿，天也塌不下来！"迟到、失约并不是什么大不了的事情，到时候只要多说几句道歉的话，一切都会烟消云散的。但是，迟到、失约虽然没有让天塌下来，它却动摇着你的信誉基础。

在西方，准时赴会是判断对方可信、可靠度的一个最基本的原则。在迟到、失约虽然没有让天塌下来，它却动摇着你的信誉基础。

商业礼仪中，如果由于某种原因不能如期赴会，一般要提前 24 小时通知对方。这种情况大多数是由于个人的身体健康不允许（如生病、受伤等），或者是其他极其特殊的原因等。人们的时间是一样的珍贵，无论你是皇族还是百姓，是领导还是下级，尊重别人的时间是对别人的基本尊重，也是对自己的基本尊重。

通常，在约会中赴会者应该提前 5 分钟到达。但是，在中国，我们发现遵守这个规则的人很少。大部分人会或多或少地迟到，因为在我们的民族文化中，时间概念并不是非常的强烈。大多数人还不懂得，如果将要迟到时，应该礼貌地打电话告诉对方："我们由于某种原因，将会迟到 15 分钟，请您原谅。"人们会原谅你的迟到，因为，你懂得时间的价值，懂得尊重别人，人们会尊重一个懂得保持自己的承诺、尊重他人的人。

遵守时间、准时赴约的人，能够赢得对方对你无言的信任和尊重。对于商人而言，没有比商业信誉更为重要的"不可见资本"了。在正式的商业交往中，人们只能从交往的礼仪等行为来判断对方。而有无准确的时间观念是对合作伙伴的为人和生活原则的考验。任何品牌之所以获得人们的信赖，首先是对于品牌的信任。遵守时间，是在商业活动中建立个人信任的第一步。

在这方面德国人和奥地利人表现最佳，他们对于时间的精确遵守反映了民族的性格。英格丽深有体会："我会比约会时间早到 5 分钟，但是他们也按标准早到 5 分钟。我们彼此建立起良好的第一印象。"

一个国家及民族以其信用而闻名，也会把这种信用反映在其商品的质量上，这就是为什么世界各国人民对德国制造的产品情有独钟的原因。因为这个民族有着严谨的信条，他们知道如何维护自己的信誉，正是这样，才不会生产劣质的产品，"德国制造"才赢得全世界消费者的信赖。德国人的严谨精神确实反映在工作中的点点滴滴，在工作中，他们是上司感到最可靠的雇员。而南欧的一些国家，如西班牙、意大利等却一直以不守时而闻名。

巴克雷银行的意大利人奥利多有个"迟到先生"的绰号。与他的朋友比尔约会时，他从来都不准时到达。一次，他们约定在巴克雷银行的大厅相见，在约定时间半小时后，他还没出现。比尔拨通了他的电话，他还在办公桌前不慌不忙地接电话。比尔气愤地质问他："你知道我们约会的时间吗？"他回答："当然知道！我这就来。"由于"迟到先生"的"美誉"，没有一个人与他约会时会守约，"反正他也要迟到"。"迟到先生"虽然是戏谑，但是有人却对奥利多的性格可靠性作了消极评价："他是不可靠的人。"可见，是否能够守时间也在默默地影响着你的人格。

"迟到先生"真正被惩罚发生在一次工作面试中。在去德意志银行面试时，由于地铁出了故障，他迟到了 15 分钟。那位瑞士主管拒绝面试他，并对他的解释无动于衷。他认为："面试的时间是 8：45，而不是 9：00。伦敦的地铁是不可靠的，你应该早就考虑到可能发生的延误。"他认为奥利多不仅仅是对时间的不尊重，也是对面试没有高度重视。虽然奥利多抱怨主管的呆板和教条，但是他学会了一个道理："没有人会对你迟到的理由真正感兴趣。"

在西方的戏剧院，到了开场的时间后，迟到者须等到节目间休或者换节目时，才准许入场。因为迟到者在场中寻找座位，会影响到每一个观众，而且扰乱演出者的情绪。准时入场是对别的观众和对演员的基本尊重。

如果由于特殊原因不能赴会，即使不能够 24 小时前通知对方，也应该尽可能地通知到对方，不要让他们苦苦地、焦虑地等待着。尤其是如果对方是一个重视诺言和守约的人，他们会误以为失约者、迟到者也和自己一样遵守时间，而造成不必要的焦虑。在北京一家美国咨询公司工作的伟是个非常守时的人。他与一位天津的朋友约定在星巴克咖啡店相见，但是健忘的朋友没有准时赴约，也没有打电话通知伟，以至于伟在咖啡厅里苦苦等了三个小时，打了十几个电话，发了十几个信息，都没有回应。伟说："我相信他如果是个正常的人，一定会打电话通知我。一定是不正常的事件发生才使得他的手机不在身旁。我一夜无法入眠，打了多少次交通管理处，问询高速公路是否有车祸，人家以为我是个盼望车祸的精神病。"直到第二日，伟的朋友才发现自己忘了约会时间，并把手机放在了车里。

我们往往通过小节判断对方的人格，其目的是为了预测他的未来行为。如果对方留下遵守时间的可靠的印象，你自然地会相信，他的人格也如同他遵守约定的行为一样可靠，因而可以决定与之进一步交往的可能性及关系发展的潜力。目前，在中国，由于商业上的互利互用原因，处于优势的一方往往忽略对另一方的时间的尊重，不守时的行为，其实是自己在本来光辉的形象上添上一个败笔。某电视台的记者是个非常遵守时间的人，他经常要采访一些领导。但几乎每次都要久久地等待，有时会被领导的秘书告知："我们安排了别的活动，改日再来吧。"

时间就是效率。在西方，人们不仅自觉地遵守时间，而且强调高效率。在加拿大某工程公司做高级工程师的安东尼·陈刚进公司时，为了表现自己勤奋苦干的敬业精神，在下班后他总是主动晚回家。但是，不久他就被上司叫去谈话："如果你下班还不回家，说明你在工作时间内不能及时完成你应该完成的工作，我们会考虑你是否适合高级工程师的位置。如果你仅仅是为了表现，我认为没有必要。因为加班并不是高效率的表现，我们是工程咨询公司，以花费的时间向客户收费，我们也要提供给客户高质量、高效率的服务。我希望你在上班时间，高效率的工作，下班后多休息，以便上班时能够高效率地工作。"

那种不遵守时间的人，大脑中就没有"效率"的概念。而懂得时间并遵守时间的人，会被认为可靠和值得信任。比尔谈到自己在美林公司的德国下属："他像一辆可靠的宝马车。交给他的工作，我只管放心等待结果。他准时完成而且结果极其可靠，他的效率让我非常敬佩。"

真正的成功者应该懂得时间的价值和遵守时间就是信誉的道理。无论商业会见还是休闲的约会，不能及时赴约时，至少应该先通知对方，明知故犯地不守时是对别人的不尊重，尤其长期不守时，是偷窃别人的时间，是犯罪。在中国进入世界商业竞争时，你就会理解到："时间就是金钱，守时就是信誉。"

那种不遵守时间的人，大脑中就没有“效率”的概念。

英格丽建议：

1.与任何人约会，都要按照约定的时间赴约。

2.赴约时，最好比约定的时间早到 5~10 分钟。

3.如果由于意外的事件不能够赴约，一定要提前通知对方，最好提前 24 小时通知对方，以便别人安排别的事务。要对自己不能够赴约表示道歉。

4.如果估计自己要迟到，请及时通知对方，告诉对方自己预计到达的时间，并对自己的迟到表示道歉。到达时，不要再喋喋不休地解释原因。

5.参加任何商业会议，一定不要迟到，否则留下的不守时间的坏印象难以挽回。

6.承诺别人的事情，一定要在规定的时间内完成，如果不能完成，要预先通知别人，不要拖拉，否则留下不守信誉的印象。

自我提升形象设问

Enhance self-image Q

1.我是否相信遵守时间很重要？

2.当别人迟到的时候，我会如何看待他们？

3.当我可能迟到的时候，我是否预先通知别人？

4.我不能够赴约时，我提前通知别人吗？

5.当我迟到的时候，我很认真地道歉还是解释迟到的理由？

6.我信任那些经常迟到的人吗？

7.我和上司见面的时候会迟到吗？为什么？

第 32 节　人们期望大人物都是生气勃勃的——健康的形象

人的正常功能是生活，而不是生存。

——杰克 · 伦敦

大人物都是生机勃勃的。

——格哈德 · 弗里德里西（媒体心理学家）

锻炼身体是最有效的改变“死鱼”式握手方法的途径。

——格方戈（形象设计师）

你的体重是你的等级宣言！

——保罗 · 福赛尔（美国作家）

没有比你的体重更能够表现出你的体魄的了！

在克林顿和布什的竞选过程中，克林顿不停地以长跑、滑雪、打高尔夫的镜头在电视上出现。还有一次，他与群众一起游泳。这一切都是经过精心设计的，其目的不是为了证明克林顿有多么高的运动天赋和技能，而是为了展现给人们一个健康的、精神焕发的、能够担当重任的形象。后来，在一次娱乐活动中，克林顿还熟练地吹起了萨克斯管。满面红光、体魄健康的克林顿与头发花白、年衰的布什相比之下，显得充满了朝气、生机勃勃。选民的天平自然地倾斜了。1992 年，克林顿乘坐大轿车纵横全国，每天停车达 15 次之多，不是记者招待会就是接见选民。他活跃得像个永动机，以富有健康、活力的形象，冲开了选民的心扉。1996 年，克林顿还是用这样的代表着生命力和健康的活跃，击败了共和党的领袖鲍勃·多尔。

不仅仅是克林顿，在西方的自由竞选中，政治代表们都竭力展现出自己的活力，他们的策划班子都会让他们通过个人运动来展示健壮的体魄。政治家们懂得，体育锻炼为的是展现活力，大腹便便的形象是不受选民喜爱和信任的。

奥地利的极右政治家海德尔为了展示自己的体魄，把自己蹦极跳向无底深渊的情景拍成一幅可以贴在墙上的照片给某个杂志。他还以打网球、参加马拉松长跑比赛、爬山等等运动的形象出现在镜头前，展示他健康、年轻、有活力的形象。尽管他的思想充满了危险，却在选举中获得了胜利。

精明的政治家最懂得形象的重要作用，他们深深地了解选民需要的是什么，运动代表着活力，健康就是财富，谁不能展现出自己的健康，谁就不能够得到别人的注意。然而，得到健康是要花费代价的，没有合理的生活方式，不能够有效安排自己生活的人，就没有健壮的体魄。

对于大众来说，没有比你的体重更能够表现出你的体魄了！目前，在中国不乏那些大腹便便的成功男人。在过去贫穷的日子里，肥胖意味富有和权力，骨瘦如柴意味着贫穷。但是，现在的情况却截然相反，在美国流行着“你的体重是你社会等级的广告”的说法。一则广告用赤裸裸的语言锻炼肌肉，减低脂肪，能提高对自我和体形的满意度。

揭露了由生活方式造成的肥胖是一个人的阶级等级的标志——“你的体重就是你社会等级的宣言。肥胖是中下阶层的标志”。麦克尔·科尔达在他的《成功》一书中，寓意深刻地告诉我们：“瘦很昂贵。”

体重越重，人们对你的能力和信誉估计越低。美国人力资源协会主席麦克博士说：“体重成为人们判断你的职业的重要条件之一。”运动心理学家麦瑞尔·毛尼克博士说：“如果你对自己的体形不满意，你会感到低人一等。锻炼肌肉，减低脂肪，能提高对自我和体形的满意度。”由于肥胖既惹眼又多余，大多数人排斥肥胖。

现在在北京流行着一句话：“请你去吃饭，不如请你去出汗。”这正说明了中国人生活方式的观念也在改变。心理学家发现，人们把肥胖的人与懒惰的习性联想在一起。如果一个人的体形肥胖、臃肿不堪，不难让人们想象他懒惰的性格和贪婪的吃相。有魅力的政治家几乎没有超重的。他们积极地参加运动，所传送的信息不仅仅是政治家的健康，更重要的是，它间接地告诉人们：“嘿！我懂得什么是健康的生活方式，我会在繁忙之中安排出时间过正常人的生活，我不是一个只知道工作的狂人，我知道如何释放自己的压力。”

众所周知，压力是现代人健康的第一个敌人。一个成功的人懂得自己不是一个超常运转的机器，需要调节自己的生活节奏。很多人抱怨说中国的商人要比西方的商人老得快，因为中国的成功者承受的压力大，高速的生活节奏，残酷的商业竞争，让现代的很多成功人士做了生活的奴隶，而且生活又没有规律，多数人超时间地工作，持续性地紧张生活和过度疲劳，以至于放松生活的运动所花的时间成了他们的奢侈品。

但是，这又是谁造成的呢？一个人如果在业余时间还考虑着工作中的难题，在该工作的时候又由于疲惫而不能产生高效率，整个生活由于没有一个良性的、有弹性的节奏，以至于未老先衰，眼边早早地就出现了皱纹，三十几岁就大腹便便、浑身堆满了脂肪，“富贵病”接踵而来。还有的人只知道在吃喝、洗浴、按摩中排解自己的压力。这种生活的结果，除了丰富了饮食的内容，并没有带来生活质量的提高。

尽管他们抱怨工作时间长，在餐桌上陪着别人吃饭也是为了工作，但是却不能去改变自己的现状，这样的成功者实际上成了成功的“殉难者”。他们都不能做自己生活的主人，怎么能提高自我生活的质量、体验人生丰富的经历、创造成功的人生呢？这样生活的人，并不具备那种让我们抬头仰望的成功者的形象，无论他的银行账号里的数字有多长，他的生活方式还滞留在原始阶段，他的人生发展也依然滞留在马斯洛对人的发展所定义的最低层——生存的需要。

在经济发展的原始积累期间，人们的生活也是处于生存为基本的阶段。那时，只需要点冒险的勇气和有用的社会关系，你就可以一夜致富。而今，时代日新月异地发展，越来越减少了“野蛮暴富”的机会。中国社会以越来越规范的方式与世界接轨，时代要求人们必须用最快捷的思维方式参与现代化的、世界性的社会竞争。网络革命、体验经济等新概念日益冲击着现代人的思想观念。谁不把握时代的脉搏，谁就跟不上时代的步伐，谁就要被淘汰！过去那样单调的生活习性，对生活的追求只限于对生存的需求已经不能适应现代生活的节奏和结构，现代人的快节奏、多方位和多层次的立体思维需要新的生活方式为之提供思想的空间。你不但需要有健康的体魄，还需要有敏锐、宽阔、深刻的思维方式和大量的知识积累去迎接新的竞争。如果你在麻将桌上和餐桌上的花费比你买的书和参加的讲座还多，你应该问自己，我是不是脱离了21世纪成功者的群体了，是不是还停留在20世纪80年代到90年代初那个“乱世出英雄”的时代？

是否懂得合理地保持健康，直接影响着人的思维方式和生活方式，也影响着人的成功观。很多成功的人并没有感到生活的幸福，这是因为他们没有建立一个良好的生活方式，没有时间体验高尚的生活方式带来的人生体验。是否能够创造良性循环的生活方式，决定了一个人健康的情绪和心态。

生活方式也能改变我们的思维方式。人的思维无不受到我们所处环境是否能够创造良性循环的生活方式，决定了一个人健康的情绪和心态。

的影响，繁忙、毫无空隙的生活节奏，会把人的思维局限在固定格式的空间，人的思维会变得一维化、物质化，而对未来的创造则来自我们的视野和幻想。如果你的生活是面对麻将桌、办公室，你是无法开拓视野并进入创造和幻想的世界的！

生活方式对生活的影响不仅仅是人的品位、修养，更重要的是，它也是一种自我调节和充电的方式，是一个人对自己这台机器的基本保养。如同哲学家阿希姆·里特尔所说："未来需要来源。"一个有节奏、有弹性的生活方式，实质上是自我能量的储蓄充电，我们必须为自己提供这种空间和环境。只有在休闲的时光，你才能够反思过去和经验，并建立新的思想和视野，失去这种自我认识和自我充电的能力，我们就不能在新的竞争中成功。高尚的生活方式也意味着合理地安排时间，优化生活构架，让人这个制造财富的机器良性运转。

值得一提的是，健康并不仅仅表现在体魄上。根据联合国卫生组织的定义，健康是指人的身体、心理、精神都要处于良好的状态。2000 年，国际卫生组织（WHO）、世界银行、哈佛公共卫生学院的调查研究结果发现，精神疾病占了发达国家疾病的 15%，这个数据超过了所有癌症的总和！西方的研究还发现，自 1960 年以来，人潜在的精神紧张增长了 44%，精神紧张不仅导致人身体的疾病，而且造成巨大的社会风险。据世界卫生组织的统计，全球完全没有心理疾病的人口比例只有 9.5%。是什么造成这样的恶果？毫无疑问，是现代人对于物质贪婪追求的同时，忘记了这是在残酷地消耗自己的生命。疲劳和压力几乎是这些健康问题的根源。1989 年，美国阿拉斯加埃克森·瓦尔迪兹号油船泄漏，就是人的失误造成的。1986 年，苏联的切尔诺贝利核泄漏事件，也是由于技术人员过度疲劳造成的。

我国的正常人群存在心理障碍的比例已经高达 20%。从对全国数百名企业家的抽样调查来看，中国企业家群体已经成为与心理因素有关的多种疾病的高危人群。据北京心理危机研究与干涉中心的数据表明，自 20 世纪 80 年代以来，中国已有 1200 多名企业家因为自己不可摆脱的心理障碍走向了自杀身亡的道路，而这并不是完整的记录。事实上，身患心理疾病的企业家并不在少数。调查显示，53%的中青年企业家存在着不同程度的心理健康问题。这些触目惊心的调查，为我们敲响了警钟。暂且不论它对于人的外在形象的影响，心理健康直接威胁着现代人的生命。谁不爱护自己，谁不懂得建立良性的生活方式，谁就是自己的牺牲品！

企业家们感到：心理压力过重，恶劣情绪的袭击日益增长，内心感到孤独，缺乏安全感，心理承受力下降，亲情减少，对工作产生厌倦等等。这样糟糕的心理状态，直观地反映在他们的气色和精神面貌上，间接地反映在他们的社会形象上。正是这样的情况，让一个价位高达三万元的“总裁压力管理”培训班爆满。老总们明白，心理不健康比身体不健康更加可怕。“压力管理”会创造出远远高于三万元的价值。在伦敦，有一家银行与健康保险业合作，把心理诊所搬到了银行，为的是让职员保持健康（心理、身体）。银行明白，一个健康的职员是创造价值的。为了更高的价值，首先要保持自己健康。

糟糕的心理状态可以通过我们自己的努力来避免，通过创造良性的生活方式，保养自己的身体。生活方式并不意味着追求高消费的活动和你并不热爱的艺术。附庸风雅的人也会选择去看歌剧、听音乐会，但是在那里睡觉的话还不如去看一场电影。在自己经济和时间允许的条件下，从事有益于身体的体育活动是现代人用以驱赶压力的最好方式。英国某公司的代理大卫·王在羽毛球馆中与一位退休钢铁工人结成了球友。大卫·王说：“运动不但解除了压力，还能让人对生活充满向往。运动所给予我的，不仅仅是强健的肌肉，而且还在支持着我积极的人生态度。”

谁不爱护自己，谁不懂得建立良性的生活方式，谁就是自己的牺牲品！

英格丽建议：

1.立刻参加体验锻炼，你的健康是你形象的指标。没人愿意看一个病恹恹的“林妹妹”。减肥，人们排斥肥胖！

2.建立合理的饮食结构，只让健康的食品入口，“你就是你所吃的！”

3.改变生活的成功观念，“为了成功的生活而工作，不是为了工作的成功而生活”，命比钱更重要。

4.宽松地对待自己，留一点时间让自己充电，留点时间给你的伴侣、亲人、朋友，不要都留给了你的部下、同事和老板。

自我提升形象设问

Enhance self-image Q

1.我的体重是否超标？

2.我是否关爱自己的身体并留出一点时间来锻炼身体？

3.我是否对自己的身体很敏感？我会倾听身体传达的信息吗？

4.我是否有健康的意识？我的饮食热量高吗？我的血脂、血压高吗？我的肾功能如何？我有患糖尿病的可能吗？我的睡眠质量如何？

5.生病的时候，我是急于康复，还是思索、体悟我为什么生病？

6.生病以后我学到了什么？

7.我目前的生活是什么状态？发展下去会如何影响我的身体？

第 33 节　三代才能培养出艺术家——有钱买不来品位

人们不去考虑如何才能生活得高尚，却只考虑如何才能长寿。

——赛涅卡（古希腊哲学家）

体操和音乐两方面并重，才能够成就完全的人格。因为体操可以锻炼身体，音乐可以陶冶情操。

——柏拉图

没有品位的人永远不能够改变自己最初所属的社会阶层。

——石涛（翻译家）

我们与谁在一起吃饭，比我们吃什么更为重要。

——伊壁鸠鲁（古希腊哲学家）

生活的品位和格调是考察人的社会地位和成功人生的一个均衡而有效的标志。

由海外归来的聂总，在某银行身居要职。聂总最大的爱好是读书、打高尔夫和听歌剧，他认为这三种活动让自己陶冶情操、培养情调、减缓工作的压力。他重视生活方式，认为合理地安排生活才能有效地工作，不懂得生活方式的人，就无法成为全面发展的现代化管理者。而他的下属，海滨城市分行行长吴总是个大腹便便、身材肥胖的中年男人，他最大的爱好是打麻将和去歌舞厅，有时彻夜泡在KTV包间。

2000年，为了调查地方银行工作，聂总对个别省市银行进行专访。为了能更多地与聂总建立个人情感，吴总绞尽脑汁取悦于聂总。晚上，他为聂总安排麻将聚会。厌烦麻将的聂总以“不会”而推辞，带着助理在海边散步。他得知聂总喜欢音乐，又安排聂总去本市最豪华的歌舞厅，并且分派两名美貌小姐陪伴。聂总到了KTV包房，看到如花似玉的小姐，马上明白了其中的奥妙，聂总以“头痛”为借口离去。沮丧的吴总看到上级领导“刀枪不入”，非常不可理解，他问聂总的助理：“他这个人懂不懂生活？有没有情调和爱好？”

当然，吴总没有能够缩短与聂总的个人感情的距离，更没有得到聂总的赏识。聂总的助理认为：“区别吴总和聂总的不仅仅是他们的官位，更重要的是他们对生活方式、个人素养以及对品位的理解。”

中国古人非常重视通过生活方式来观察人，在中国汉代刘劭所编的《人物志》中，就提出了关于观察人的“八观”“五视”。其中，第一条“居，视其所安”，指的就是在日常生活中看一个人的志向情趣，通过工作以外的活动判断一个人的品位、情调、艺术修养、文化熏陶等。总而言之，我们采用什么样的生活方式、如何选择和设计生活的内容反映了我们生活的品位，而生活的品位和格调是考察人的社会地位和成功人生的一个均衡而有效的标志。

考察生活品位的内容丰富、宽广，包罗万象。我们的每一个社会活动和个人生活内容，都在清楚地向人们表明我们的个人品位。从我们住事业的成就仅仅是成功、卓越的人生的载体。

在哪里、我们如何感受生活、我们如何穿着、开什么车、参加什么样的社会活动、和什么样的人交朋友、有什么样的业余爱好等等，任何与生活相关的活动，都在无声地告诉别人我们的价值观、我们的生活态度、我们如何思维、我们如何培养自己的情调、我们有怎样的修养、我们如何进行个人发展。

在本书中，我们强调的成功已经不仅仅是事业的成就。事业的成就仅仅是成功、卓越的人生的载体，社会成就和金钱表现的仅仅是一个一维空间内的成功者，而卓越的人生体现在工作（事业）、家庭、自我发展、财产收入、社会责任、对于自然生态的责任等方面。一个人的生活品位、才智、生活的哲学思想、对于艺术的欣赏等能从多维空间内生动地丰富、衬托和完善个人形象。

人们尊重一个健康的、幸福的、充满了爱心、富有品位和情调的强大的成功者。人们可以从你的生活品位中判断你是一个“大块吃肉，大碗喝酒”的红高粱地里冲出来的野汉子，还是一个刚刚完成资本原始积累，从“圈地运动”中走出来的浑身掉着“土渣儿”的“土大款”；是一个追求高尚生活质量的精神贵族，还是一个附庸风雅、假装成精神贵族的“暴发户”。仅仅满足于挣钱的人，无论他的银行账号有多少，他的心理都还挣扎在贫困线上。他们虽然腰缠万贯，但是生活的品位却还停留在原始的贫困阶层。那些“富得只剩下钱”的成功者，并不是我们所仰望的人。这种生活品位和财富不般配的畸形关系，不会产生卓越的人生。

英格丽在一次讲座之后，收到了一个听众的真诚感谢，她说：“由于你的一句话，改变了我丈夫的生活观。‘听交响乐还是听流行曲？打高尔夫还是打麻将？都在告诉社会你是谁！’使他意识到人应该有生活的追求。”是的，人的追求不仅仅在事业，也在于对高尚和健康的生活品位的追求。

在西方，很多公司喜欢在个人简历的“个人爱好”一栏中捕捉人的品位。吉姆被某银行录用为高级数量分析员，他宣称其中一个原因竟是由于他能打得一手好高尔夫球。未来的老板开玩笑地对他讲：“我录用你的原因之一，是因为在面试时我知道你的高尔夫杆数和我的不相上下，这样我们就可以在周末一起打球了。”对高尔夫球的爱好，拉近了吉姆与新老板的关系，他们闲谈时的话题是如何提高球艺。

高尚的生活品位不但能培养高雅的个人志趣，而且让我们融入与我们境界相同的社会群体，开辟事业和生活的新空间。共同的兴趣、共同的爱好、共同的价值观和生活态度是进入你所属的社交圈中的基础，也是建立持久的、理性的友谊的必要条件。中国作家古古在《为什么他是富人》一书中说道：“和什么人在一起，这是个非常重要的事情。所以富人总是千方百计打进更富的人的圈子，同时千方百计不要让穷人混进来。”“人们常常用一个人所处的圈子来判断这个人。”还有人说：“和什么人吃饭，比你吃什么更重要！”任何社会中的人都不可没有一个社交的群体和“圈子”，这个“圈子”中的人通常是以共同的志趣和志向而聚集在一起的。

对生活品位的追求为你打开社交之门。对此，英格丽有切身的体会。七年前，她初到伦敦，由于对古典歌剧的欣赏和爱好，使她在伦敦开辟了新生活，结识一批有情趣的朋友，体验了不同的人生内容。英格丽与奥地利女律师克劳蒂娅在一次聚会中，由于对歌剧共同的爱好，有了说不完的话题。严谨古板的克劳蒂娅推断：“我相信欣赏高雅艺术的人有着高尚的情调。”从此，她们成了朋友，经常一起去欣赏歌剧。克劳蒂娅还主动提出教英格丽德语，以使她不仅仅局限于欣赏意大利歌剧。从她那里，英格丽学习到了在研究生院永远也学习不到的欧洲文化。

英格丽与法国古董商皮埃尔相遇在歌剧大师的讲座中，皮埃尔有着相当高的钢琴造诣，遗憾的是，他的声音却不给他争气。身为繁忙的商人，他从不间断每周在私人教练那里学习声乐，至今已经长达 14 年了。他对于歌剧的艺术造诣让你感到，他那里永远有学不完的知识。他的艺术修养和生活品位，为他和他的客户之间创造了很多高雅的话题，保持了大批长久的客户。皮埃尔热情而又多才，多年来他一直是英格丽免费的钢琴师和法语老师。这些朋友向她打开了欧洲文化的大门，让她体会到了维也纳古典华尔兹的韵律，巴黎塞纳河畔浪漫典雅的风情。他们带来的不仅仅是友谊和帮助，给她开辟了生活的另一维空间和社交圈，而更重要的是，他们对生活品位的追求所展示的个人形象让她认识到："高尚的爱好还会成就高尚的情操。"

听什么音乐也在告诉人们有关我们的品位的信息。高雅的音乐等于高雅的品位，没有人责备你听摇滚乐。但是，最好别让别人知道这就是你所喜欢的音乐。有一次，彼德开车去接自己的高尔夫球友前往球场，在途中，彼德放起了美国盛行的街头说唱CD。他的球友吃惊地说："我不知道你喜欢这样的音乐！"彼德不解地问："这有什么关系吗？"球友含蓄地回答："我不可想象一个开着宝马车的银行高级经理，能够听着街头说唱曲去打高尔夫球。"从此，彼德用古典的室内乐和交响乐代替了焦躁的摇滚和说唱音乐。

听什么音乐不仅仅展示我们的形象，它还决定了我们的思维方式。西方心理学家在实验中发现，古典音乐能够提高、改善人的思维。复杂的多旋律的古典音乐造就的不仅是高度的智商，还有高雅的情调和艺术修养。如果我们早年没能成长在高雅的古典音乐艺术之中，现在加紧培养点艺术情调也还为时不晚。受到英格丽的影响开始培养自己音乐素养的人为数不少，一位融资公司的女士在36岁时开始学习弹钢琴；另一位英国朋友受到她的影响，在50岁时给自己的生日礼物是一副黑管；还有人在40岁时，开始学习声乐……

你不一定只选择音乐，任何一个高品位的爱好都是有益的。学习一门外语能够帮助你理解这个国家的文化和人们的思维方式。学习任何知识都永远不嫌晚，英格丽的一个76岁的英国朋友，在70岁时才开始学习中文。常年生活在英国的人，如果不懂得品酒，那就如同刘姥姥生活在大观园中。为了在工作以外的餐桌、酒会上自如地选择酒和西餐，英国银行的一位朋友还专门去学习了品酒和意大利烹饪。一位由海外归来的银行老总，不但打高尔夫、欣赏音乐、油画，还收集红酒和钢笔，他的爱好不但告诉我们听什么音乐也在告诉人们有关我们品位的信息。

他的品位，也增大了他的知识库。他能够如数家珍地告诉你，瑞士钢笔的历史和它们各自的特点，他确实让人刮目相看！崇尚古风是西方最高品位的表现，人人皆知学习收藏古董是要花费巨资的，只有那些有丰厚家底和极高品位的人才会选择这个爱好。不过，一个破旧的陈年古物，比那些昂贵的、发亮的电器能够带给你更大的尊敬。

值得欣慰的是，品位和生活的情调是可以培养的。它与金钱完全不同，获得品位的过程不需要一个人在精神和道德方面堕落，而恰恰相反，通过对生活品位的培养还可以提升自己的精神世界。不论你喜欢与否，你不得不承认，有品位和格调的人能够让人另眼相看！有钱不一定使你的社会地位得到提高。但是，有修养、有格调、有品位的人必定受到欣赏和尊重，因为人们会认为你有社会地位。花一点时间培养你的品位吧！改善了品位的生活方式能够积极地影响一个人的思维。想象一下，一个整天忙得如同永动机的人，哪里有时间思考？而不思考的人是无法进步的。这听起来耸人听闻，但是却是不可辩驳的。人的思维会受到自己环境的影响，重复性的机械活动简化了大脑的功能。一个只会工作的人生活在一维空间，而一维空间是缺乏幻想的，是简单的、无乐趣的。

事实上，在中国，越来越多的人认识到，无止境地追求金钱并不能够带来内心的幸福，也未必可以像想象中那样脱掉“贫困”的帽子。真正的贫困首先产生在心中，然后反映在现实。有钱而没有品位是可悲的、精神贫困的表现。

不论你喜欢与否，你不得不承认，有品位和格调的人能够让人另眼相看！

英格丽建议：

1.培养一项高雅的爱好。认真地研究你的爱好，或许有一天，你的爱好会成为你的另一个职业。

2.请选择这样的爱好：音乐、绘画、雕塑、舞蹈、书法、围棋、国际象棋、鉴赏古物、品酒、桥牌、学习一门外国语等等！如果你有条件，最好请一个私人教师，你会发现一对一的学习效果惊人。

请不要选择这样的爱好：摇滚乐、街头说唱、打麻将、喝老白干、打保龄球（在西方它是没有品位的活动）。

3.为了大脑的灵活，至少学会欣赏古典音乐。

自我提升形象设问

Enhance self-image Q

1.谁是我认为最有品位的朋友？为什么？

2.谁是我认为最乏味的朋友？为什么

3.我学习某种技能是为了赚钱、自己喜欢还是为了展示给别人看？

4.我有没有一项仅仅是为了让自己高兴的业余爱好？如舞蹈、书画、琴棋、音乐、外语等。

5.我经常听一些什么样的音乐？它们带给我什么样的感受？

第 34 节　14 亿人民在关注着你——媒体电视形象

在我们这个时代里，有效的交际家是那些以图像的形式传递信息，并将内容和效果结合成一个统一的整体的人

——格哈德·弗里德里希（奥地利作家）

在媒体上亮相是成功者需要学习的技巧。

——玛丽·斯皮莱内（形象设计大师）

公众想要的不是逻辑，而是感觉。

——比尔·维尔德（导演）

媒体上个人形象的影响力是不可估量的。

20世纪20年代，希特勒的身边出现了一位叫保罗·德弗里特的人。保罗原来是个歌剧演员，是什么让他成为伴随在希特勒的左右，几乎形影不离的人呢？

原来，希特勒的第三帝国宣传部长戈培尔认为“统治者的观点可以通过电视变成统治地位的现实”，为了建立第三帝国的影响，必须建立一个帝国独裁者的个人形象。戈培尔为希特勒安排了媒体教练员，他就是保罗。保罗对希特勒进行了严格的训练，他们预先把希特勒的各种手势拍照下来，共同选择出那些能够加强希特勒大独裁者形象的动作，这些照片最后被希特勒的摄影师保留了下来。保罗对希特勒原有的夸张和可笑的手势进行了彻底的改造，他为希特勒设计了完善他独裁者的身体语言和公众形象。他训练希特勒在电视、公开场所演讲时的语言、手势和举止。

在他的训练下，希特勒在演讲中那疯狂的手势和语气震撼了当时的德国人，成为第三帝国获取人心的领袖形象。保罗还为希特勒在公开场所的出现做了精心的安排，从如何走下汽车、如何与人握手、如何步入会场，以及在大小型庆祝活动中的问候方式等，都要严格按照规定进行。在参加任何重大演讲前，保罗和希特勒无论是在客房、私室、办公室，都要预先排练到深夜。希特勒的讲话和出现的方式基本上都是按保罗的意图，经排练、熟背之后，再演戏般地出现在大众和媒体前的。

可以说希特勒是历史上第一个深刻而充分地利用媒体建立个人形象的人，通过建立个人形象而强化一个组织的形象，而保罗是他媒体形象的出色教练。不得不承认，希特勒独裁者的形象为第三帝国开启德国人的思维，做出了不可否认的贡献。它证明媒体上个人形象的影响力是不可估量的。

在高科技发达的今天，电视光纤传递、数字高速公路、卫星传播等前所未有的媒体形式，使媒体在树立个人及企业形象中，有着前所未有的威力。越成功、越有名望的人就越有机会在电视及媒体中亮相，就越有可能成为大众心中的偶像。

人们易于崇拜电视里的人物，并在行动上效仿他们。

电视时间价值千金，每一次出现在电视屏幕上，就相当于变相地为自己和所代表的组织做广告，实际上在为自己创造经济价值。这也是为什么国外众多“公共关系”公司生意兴隆发达的原因，企业和个人不惜重金聘用他们为自己打造有力度、可信的媒体形象。这也是为什么在中国市场上，很多名不见经传的小型企业的领导，不惜重金上电视接受采访的原因。

西方的社会心理学家研究发现，人们易于崇拜电视里的人物，并在行动上效仿他们。他们是大众心中的偶像，他们成为大众生活中的一部分。他们在媒体上的一举一动，牵动着亿万电视观众的注意力。每天都有新的面孔通过电视屏幕出现，在电视上创造自己的神话。但同时，大众心目中也早已为这些成功人士制定了形象的标准模式，大众渴望他们以诚实、可靠、真实、有力度的形象出现。他们展示在电视上的形象，决定了大众与他的关系和他们能否在电视上创造价值。因而，高度成功的人和渴望通过电视成功的人，如果不能展示给大众一个深刻、可信的、有实质内容的形象，他就失去了为自己有效宣传的机会，或者成为一次破坏原有形象的机会。

英美电视媒体专家研究发现，观众的注意力大约能维持25秒钟。企业领袖和成功人士在电视上亮相，在25秒内必须抓住观众的注意力，在短时间内提供非同一般的内容。而且每25秒要给予他们新的刺激，否则他们就会感到乏味。遥控器的发明，让观众一分钟可以转换几十个频道，频道的泛滥，让观众有越来越有多的选择，不能赢得观众，就失去了在媒体亮相的作用。在25秒钟内，满足观众对真实度和可信度的期望，成功地营销自己，是一切走向电视的人们最大的挑战。

电视形象是如此的直观，大众相信他们所看到的一切，它比语言更有力量。你一出现，观众就知道，他们是否想继续观看你；你一张口，他们就知道是否应该坚持聆听！因此，在电视上出现的服装、身体语言、语气、内容和修辞变得如此重要，它们是抓住观众注意力，并赢取他们支持和信任的唯一途径。在西方政治竞争中，谁抓住观众，谁就是胜者！

你一出现，观众就知道，他们是否想继续观看你。

如何出现在媒体和在媒体上如何展示自己，是成功者需要掌握的一项特殊的技能。我们在平时看电视时，可能经常看到一些被采访者，由于缺乏这种技能，成为电视屏幕的牺牲者，他们不合体的穿戴、仓促的举止、不流畅的语言等等，留给我们的是一个无能、不受欢迎、让人可怜的形象。在西方，对于大企业家、政治家，这是对事业的一种致命的伤害。

（一）外表形象

在人的形象组成中，55%是由视觉中的非语言因素组成的，包括服装、手势、身体语言，38%是由声音、声调、频率、说话方式、修饰等组成，只有7%才是真正说话的内容。外表、服装是非常重要的视觉辅助手段，它不但可以衬托电视中个人的形象，而且能传达语言所不能传达的信息。在西方，电视媒体为政治家、企业领导人的公开亮相做出形象上的规定和标准，没有按这种标准出现就不会得到人们的信任。除非你是比尔·盖茨，形象已经不能再表达你为人类所创造的业绩。

在中国电视上，有很多名望非凡的企业领导由于不了解社会心理学中形象的重要性，轻率地走上电视屏幕，而没有考虑到他的穿着在观众中可能引起的心理效应。他们没有展示给大众一个与他们的身份和成就相符的形象，他们那本来具有的英雄人物般的形象，被无意中蒙上了并不让人崇拜的阴影。出现最多的错误是穿着不得体的服装、戴着那些毫无品位的领带、别着领带夹、未经修整的头发和面容，可惜的是这些精明强干、才华出众的优秀的企业家的媒体形象为他们成功的事业留下一个遗憾。

无论你有多大成就，有多么杰出的管理能力，如果未经充分准备和精心设计，穿着随便地出现在电视上，往往都达不到人们心目中对成功者的渴望的标准，会把一个在全国树立形象的机会变成了败坏自己形象的机会。

在河南台一次晚间的摇奖节目中，当主持人宣布“请特邀嘉宾、××企业的老总为我们开奖”时，一位四十多岁的男人冲上舞台。他身穿黑色衬衣，打着让人眼花缭乱的、五颜六色的大花领带，穿着一件黑色皮夹克，在25秒钟内，满足观众对真实度和可信度的期望，成功地营销自己，是一切走向电视的人们最大的挑战。

如同刚出油锅的黑亮的头发向一边倒去，脸上的皮肤如同高低不平的丘陵。他接过话筒，一张口，黑黄牙齿全部暴露无遗。企业老总的这种形象，立刻被全国几亿人看到，这对企业是一种什么样的影响呢？为什么电视台不为企业老总的形象做出科学的指导？为什么不为自己的电视节目形象负责任呢？想必这位老总付出了巨额的赞助费，才走到电视镜头前，可他的费用为企业创造了什么价值呢？只是破坏了原有的形象而已！

（二）电视上的举止

电视中的人举止影响着他所传达的信息。一些看起来不引人注目的小动作，无不告诉观众你的心理状态和可信程度。那些消极的身体语言，可以破坏讲话者的形象，削弱讲话者的可信度。在遇到一些不可控制的情况时，有效地控制自己的举止，避免出现条件反射的动作，是电视形象最基本的要求。

某电视台有关“财富”的节目中，出现了一个老总，他的身体语言和面部表情告诉我们的完全与他的身份和所讲的内容不相符。他面部表情冷淡僵硬，目光一直落在身前的桌子上。他双手交叉在胸前，身体语言展示出的是“抗拒”和“防范”。在人们的印象中留下的不是一个叱咤风云、运筹帷幄的新时代的企业家，倒像一个被放在审判席上自我辩护的罪犯。

北京台某节目的女主持人与三位嘉宾谈话时，坐在台上，目光不与来宾保持接触，却一直不停地低头看手稿，面部没有热情关注的表情，反而一副高高在上的做派。这样冷淡的、没有亲和力的主持人，怎么能激起被采访人的谈话激情，让他们抒怀畅谈？这样的形象怎么能让观众感到贴切、可信？

（三）电视上的语言

希特勒在《我的奋斗》中，毫不掩饰对媒体大众的操纵：“大众的接受能力非常有限，理解力很差，然而他们却非常健忘。基于这点事实，每一些看起来不引人注目的小动作，无不告诉观众你的心理状态和可信程度。

一个有效用的宣传都应该集中在很少的几点上，并且把他们编成口号，不断地使用，直到确实是最后一个人也能够在这些口号下设想出我们所希望的事情。”他虽然臭名昭著，但他成功利用媒体达到的效果却是前所未有的，不能不说他的话有足够的启示。

而我们很容易就可以在电视中看到有的领导在接受记者采访时，手拿讲稿，口齿不利、面无表情、不看镜头、语气干淡、毫无朝气，长篇大论、照本宣科式地回答问题，表现出了一个缺乏能力和活力的领导干部形象。

在中央台一次讨论教育的节目中，一位私人教育集团的老总和国家教育界的人士关于教育是否应该营利展开辩论。这位干部在辩论中表现得富有攻击性，他不时地打断别人，不礼貌地插话，一副毫不饶人的态度，他皱着眉头，语言、语气充满了激烈的挑战性，留下一个不成熟、心胸狭窄、焦躁好胜的印象。而那位集团老总，却坦然自若、面带笑容、沉着应战，没有与对手进行针锋相对的争论。在电视上要避免一切消极的词汇、语气和动作，即使对方多么激烈、好斗，也应该采取宽容、理性的态度，避免把问题个人化。记住，你赢了一个人，但会失去几亿人。

媒体信息的泛滥，如同洪水猛兽，观众学会了理智的分析，独白式的内容，越来越失去市场，这也是为什么中央电视台的“对话”节目越来越深入人心。在对话中，观众想捕捉与他们相关的内容，无论是你成功的经验，还是让人受益的观念，谈话的内容离开了观众可以参与想象的空间，他们就不会把注意力给你。虚伪的、夸大的、枯燥无味的谈话内容是一个媒体人的快速自杀药剂。

由于大部分出现在媒体上的人不是演员，尽管他们充满自信，有着无限的能力，但他们不一定知道如何在电视上表现出一个能满足观众心中要求的形象。希特勒树立媒体形象的经验为我们今天的电视形象做出了启示。对于企业领袖，策划电视形象是进行大众交际和营销的一个极为重要的策略。媒体形象的每一次出现，都必须经过严格专业化的训练和精心的策划。

在西方，企业领袖走进媒体形象训练班，是开拓事业的一项重要活动。没有充分的训练，他们就无法满足社会对他们这种偶像形象的完美要求，媒体形象的训练也是成功人士在新时代发展中不可缺少的一项技能。各大企业的领袖和电视台的制片人如果考虑到电视形象可能造成的不良后果，应该让专业人士指导他们在电视上的表现，这是避免出丑和造成不良印象的最好办法。

社会上越有成就和越有名望的人，越有机会在媒体上亮相。无论是代表个人还是代表他们的企业和机构，每一次出现在媒体上，他们就如同被放在放大镜下，让全中国亿万观众细心地检查。电视的威力，不同于任何其他媒体，它是最有影响力和传播面最广的媒体。它可以帮助企业树立积极的形象，也可以破坏一个企业及个人的形象。

即使是专业的主持人，也不会在缺乏足够准备的情况下表现出色。某卫视拍摄一个国际商业系列节目，与国际跨国公司领导班子的人对话。由于拍摄前导演、编剧及主持人沟通准备不足，主持人在现场又不能即兴发挥，出现语言不连贯、对话离题、不能控制对话的场面，造成了样片达不到预期质量，无法通过预审，损失了几十万的制片费用，节目最终流产。

可见，即使是专职人员还可能出现错误，那些非专职演员的企业家和领袖，更应该重视电视上的每一次机会，在出现在媒体之前，充分地准备，为自己留下的形象负责任。记住，14 亿人民在关注着你！

英格丽建议：

最佳媒体形象：

服装：西装、衬衣及领带是有目的搭配的，视觉色彩和谐，颜色大部分情况属于中性色彩，反映了节目的性质——客观、中性，不带有个人偏见，可信、可靠的信息及尊重事实的节目性质。

声音：音质、语音、音调、音频、语速几乎完美无缺。

谈话的内容离开了观众可以参与想象的空间，他们就不会把注意力给你。

男主持人：肤色清洁，眉毛整齐，保持男性的魅力。

女主持人：化妆柔和，但有立体感，具有现代化的风格。

英语发音：标准英国或美式口音，与欧美新闻节目主持人不相上下。

整体形象：可信的国际级播音员。

最佳政治家形象：

江泽民

西装：颜色均为青蓝色或灰色，大部分情况是青蓝色，反映了他的权威和力量。做工精致，裁减得体。当他握手、坐立时，西装依然贴身，没有出现衣领和肩部拥到脖上的现象。

领带：他的领带大部分情况是蓝色或者是绛红色。花纹简单含蓄，整个领带最多有两种颜色——蓝底白点或黄图案，领带优质，与西装融为一体。

衬衣：他从不穿其他颜色的衬衣，几乎百分之百只穿白色衬衣。衬衣上从不带花纹，这是最简单，但最正规的领导人或高层商业者所选的衬衣。

面部表情：他永远带着笑容，表现了友好的亲和力，具有活力的性格，但加上西服的搭配，又有一个大国政治家的威严和坦荡。

声音：音域宽厚，音质洪亮而又有男性的磁质感。

语速：中慢，反映了政治家的沉着、稳重和坦然。

语调：不贫乏、有激情。

站姿：挺直，显得自信、庄重。

坐式：占领大空间，四肢伸开，显出领导的权威。

走式：双脚略为八字，典型的“亿万富翁步伐”。

手势：属开放式的手势，显示领导者的自信、坦然、诚恳。

托尼·布莱尔

西服：多为灰蓝色，与布莱尔的肤色和发质相呼应。

媒体形象的训练也是成功人士在新时代发展中不可缺少的一项技能。

领带：多为蓝色或者加了亮的浅蓝色，有时戴红色领带，简单花纹或无花纹。

衬衣：只穿白色或者冰蓝色（几乎是白色，适合布莱尔的肤色）。

面部表情：永远地带笑，只有在严肃的话题，如“倒萨”和反恐怖分子等时，表情严峻。

声音：音质洪亮，但音域比江泽民窄。

语速：中快速，反映了年轻政治家的活力及朝气。

语调：激昂，如同话剧演员，从没有平如流水的讲话方式。

握手：善于应用“手套式”握手，表示热情、亲密无间。

手势：开放式，演讲中最善于运用手势，天才的演讲家。

尾声篇

你的形象价值百万

第 35 节　只有想不到，没有做不到——提高形象的七种方法

如果你想学会吹笛子，就该练习吹笛子。

——亚里士多德

“成功的人都是相同的，不成功人的却各有千秋。”英格丽总结了14年来在海外寻求成功形象的理论基础及7年的形象设计的经验，以及在中国与成功者交流的感受，提出7项提高形象的方法，为那些渴望树立成功形象的人们提供参考。

（一）从我们过去的经验中学习

无论你认为你的形象是成功还是失败的，都要认真客观地分析总结自己。这对许多人来讲并不是一件容易的事，因为，许多不具有成功形象的人往往不能客观地看待自己的历史、现状和发展潜力：一种是过于自以为是，毫无根据地夸大自我，盲目地认为自己既有学识又有实践经验，在各方面都可以成为专家，理所当然地什么都懂，一意孤行地用个人主观的观念建造自己的形象，这种人在成功与不成功的人群中都有存在；一种是过于低估自己，从而造成恶性循环，不敢以出色的形象出现；第三种人就是不认为形象影响着成功。这三种人每日重复性地犯同样的错误，以至于长期积累而毁坏自己本来可以成功的形象。正如成功学家所讲的“失败不是一夜发生，是无穷多个小失败积累的结果”。

因而，英格丽建议你，冷静、客观地把自己置身于局外，把自我形象当成一个科研项目来分析和操作。

（二）从别人失败的经验中学习

别人失败的教训为我们提供了最好的学习机会。他们让我们避免重复他们的错误，减少了我们失败的几率。有位西方哲人讲：“那些不从过去的失败中吸取经验的人，会受到诅咒，要重复失败。”同样，如果我们不从别人身上吸取教训，我们也会为后来的人提供反面教训。找出你生活的失败者和形象最差的人，分析他们的人生态度和外表行为，总结出经验，然后参照自己的人生价值观和外在形象，提出改进提高的方案。

我们必须学习那些成功的精华，这是我们成功的导航图。

（三）从别人的成功中学习

成功的人为我们提供了可学习和模仿的经验。这种经验是被事实所证明的“成功的人都是相同的”，他们有着放之四海而皆准的成功原则。无论花多少时间和精力，我们必须学习那些成功的精华，这是我们成功的导航图。我们要读他们的书，参加成功人士的讲座，学习他们的习惯语言、穿衣方式、做人原则和生活哲学。并与那些积极的、成功的人交朋友，找出他们性格中可以激励人的特质，模仿他们的行为，在内心中再创造他们的精神。

（四）注重在细节中提高，从观察中学习

很多失败的人就是缺乏对日常小节的注意，他们采取得过且过的态度，只满足于天天混日子，而不是有规划地认真度过每一天。很多有价值的学习机会就存在于那些最不引人注目的小节中，如吃饭、穿衣、走路、站立等等。这些看起来有些平凡、无关大局的小节都是筑成你形象大堤的每一粒泥土。“千里之堤，溃于蚁穴”，如果不注重生活中的小节，不从平凡的每一天中观察、学习，就失去了学习的机会。

（五）做一个好的听众

每个成功的人，都先是一个优秀的听众，然后才是一个演说家。

“听”可以让你学习别人的思维方式，用别人的眼睛看问题。

“听”是获取知识的最佳渠道，“听”是成功者最有效的交流方式。

“听”成功者的故事和经验，吸取他们的经验。

“听”不成功者的抱怨，理解为什么他们会失败。如果你会“听”，那么一个失败者教会我们的不比一个成功者少。

（六）读大量的书

优秀的书都是知识和智慧的汇融。书籍让人丰富、强大。有知识、有

教养的人，让人尊重和热爱，知识为形象增添光辉，在成功的路上为你引路。我们所渴望的有关成功形象的任何知识都早被各种文字写入书中。世界上形形色色的人，无论是从乞丐到富翁，从平民到总统，从失败者到成功者，从丑小鸭到白天鹅，都写下了自己的亲身经历。他们那让人惊奇的生活经历及富有价值的经验，都包含着从平凡走向卓越的成功哲学智慧，为我们形成自己的成功哲学，有效地利用短暂的人生时间，创造最辉煌、灿烂的人生经历提供了有价值的经验。

（七）寻找专业咨询人员的帮助，参加强化训练

由于个人知识的局限性和看问题的主观性，很可能会“一叶障目，不见泰山”。像任何一个卓越的人一样，相信一个人的智慧和知识是有限的，多么伟大的成功者也不是万能的，相信专家的指导是高效的、实质性的和突破性的。专家们把毕生事业放在一个领域里，他们大部分情况下比我们了解这些领域。

成功的商业巨人、政治家都有自己的策划班子，这些人中包括咨询师和心理学家。他们用自己特有的专业知识，为成功者出谋划策，建立最完整的规划，设计完美的公众形象。因而，要选择几个有专业知识的人为你做参谋。

要选这样的人：

由于人们对成功的追求，使市场上产生了众多的强化训练班。选择那些与本书中所包含的内容最相关的强化班，在短期内“快速成才”。

成功的形象是诸多因素的综合，是成功的内在素质的外在反映！

愿朋友们能够悟出自己的成功之道！

希望本书让你们从另一个角度寻求成功！

第 36 节　让我们来维护中国人的国际形象

2002 年英国BBC电视台采访了芭蕾舞蹈家克莱儿·罗丝小姐。罗丝小姐是当今英国最杰出的舞蹈家，她以其优美的舞姿享誉世界，她的肖像被陈列在伦敦蜡像馆。作为英国皇家芭蕾舞团的第一主角，她的足迹遍及世界各地，她接触体验了世界各种不同的人和文化。

记者就世界各国留给她的印象问道："你在世界各国演出，有哪些国家让你记忆深刻？"

罗丝小姐回答："日本和中国。"

记者紧追不放："这两个国家为什么让你印象深刻？"

罗丝小姐回忆了在日本和中国演出的不同体验："日本这个东方国家的观众在我演出时的表现，令我感动。他们不但非常的礼貌，仿佛还懂得我的舞蹈。当我在台上表演时，我发现场下的观众鸦雀无声，他们都全神贯注地望着我，我能够非常激情地投入到剧情之中，他们的关注激励了我用全身心去表达角色。演出结束时，他们全场起立，热烈的掌声不断，我不得不几次出来谢场。我非常感动，他们能够理解和欣赏西方的芭蕾舞蹈，糟糕的第一印象能让千辛万苦的努力化为幻影。

日本公众让我认识到舞蹈是没有国界的。”

记者问：“在中国呢？”

她回忆道：“在中国北京，当我充满激情地在表演《吉赛尔》的一段独舞时，我看到前排的观众打开手提电话与别人通话。在舞蹈中间，场上还有手机的铃声。我的情绪受到了极大的影响。我在上面激情地跳舞，下面有人打电话，那是一种什么情景？我经历了文化的冲击。”

一些普通中国观众不礼貌的行为，在国际艺术家的头脑中印刻了并不美好的中国人的国际印象，罗丝小姐用英国人的含蓄称之为“文化冲击”，他们会误认为这些不礼貌的行为是中国文化的一部分，对于那些对中国还没有太多了解的外国人而言，“不懂礼貌”仿佛就是中国文化的一部分！

一位从海外归来的中国金融界的老总，在与英格丽谈到本书的内容和进程时，他非常激烈地说：“形象，是目前国人最需要的！但是，你不能只简单地告诉别人什么是成功的形象，怎么树立自己的形象。很多人根本就没有形象的意识，何以谈成功的形象？你一定要罗列所有有损于中国人形象的举止和行为，只有让他们看到自己的恶劣举止不仅影响他们自己，而且影响我们整个中国人的形象，这才能发人深思，震醒一些自以为是的人！没有像柏杨《丑陋的中国人》那样揭露我们的痛点，就达不到提高形象的目的，不痛不思！先不要谈成功者的形象，让我们先维护中国人在国际上的形象吧！”

一些人在国际交流及交往上不在意小节和不懂得基本的礼仪，给我们造成多少不可挽回的名誉上的损失。这位老总讲了他乘某欧洲航班出访，在飞机上的一段经历：“我乘坐荷兰的飞机从阿姆斯特丹回北京，在这个飞机上，中国人占多数。尽管飞机上的空调强烈地送入冷风，但是，一坐下来，我就感到一阵阵的恶臭飘来。原来是一组中国代表团，几乎每个人都把鞋脱了下来。他们看起来像是公费出国的人，估计至少出外逗留了两周。其中一位的尼龙袜子还露了个洞。坐在我旁边的一位外国小姐在频频地寻虽然他们的身体已经进入了21世纪，但他们的某些思想状态和生活方式还停留在20世纪80年代。

找污染源，然后取出香水四处喷洒。但是那浓烈的香水仍然抑制不住臭脚的味道。最后，这位小姐向乘务员说了几句，乘务员为难地走了。一会儿，乘务员把小姐领到前面的商务舱。乘务员走向我们那几位同胞，给他们几双飞机上用的袜子，说如果穿上袜子，将表示感谢。其实在飞机上脱鞋不是不正常的事，长途飞行的人都脱鞋，但这几位同胞可能半个月都没洗袜子，居然不知道自己的臭脚在影响着整个飞机的人，或者他们根本就不在乎影响别人的呼吸道。在一架外国的飞机上，他们毫不顾及自己代表的国人的形象，让我为中国人难为情！身旁的这位外国小姐，可能会对自己的朋友家人讲起这段难忘的'空气污染'经历，但是她不会分辨出这是极少数不懂得礼貌、没有修养的中国人的作为，很有可能说'那些中国人，不讲卫生、不注重公共场合的公益道德，为了自己的舒适，全然不在乎用臭脚折磨飞机上的其他乘客'。"

加拿大著名教授诺曼·鲍尔，多次在清华大学讲课，他有着深刻的"中国情结"，是中国人民的好朋友。在与英格丽谈论到本书时，鲍尔教授认为："这是中国现在迫切需要的，中国人在我的眼中是优秀、聪慧、精明的，但很多中国高级管理者的行为却让人吃惊。要知道，一些人认为微不足道、习以为常的行为，在国际交往中可能会带来意想不到的恶劣后果。"他曾经带领中国极有成就的六位商界老总出访加拿大。鲍尔教授安排六位老总与加拿大享有盛名的奥尔伯塔电讯公司总裁会面，为促成这次会面，鲍尔教授利用自己的名望做出了很大的努力。加拿大奥讯特意把会见安排在奥讯的摩天大楼的顶层会议室内，登高望远，壮观的市景一览无余。但是在这次与奥讯最高决策人的会面中，中方的两位老总眯着眼进入了半睡眠状态，另外几位也心不在焉，仿佛"身在曹营心在汉"。这次会见在非常困乏的气氛中进行，最后，毫无滋味、毫无结果地结束了。这是一次高层领导的商务会谈，但是会谈留下的恶劣印象，不仅影响了中国高层次的商人在加拿大人眼中的形象，它也影响了鲍尔教授在电讯公司的信誉和进一步合作的机会。热爱中国的鲍尔教授富有远见和宽阔的视野，他强烈地建议："这本书不应该是本形象设计的技术和商务礼仪条例的教科书，而是应该唤醒中国高层次商人的形象意识的书。你无法教给他们每一个细节，但是你可以用自己的经历告诉人们，形象是非常重要的。你的书应该着重讲述形象如何影响着我们的事业、生活、关系和未来潜在的发展。"

在西方生活了 14 年，英格丽真正感受到了中国经济在世界地位上的变化直接影响着中国人在国际中的地位，"中国人"是一个让我们自豪的概念。

随着加入 WTO，中国的大门越来越向世界打开，中国是国际社会一个极其重要的成员。我们的生活概念也随着中国与世界文化的交流相融而日益增多，崭新的概念、意识如潮水般地涌入我们的生活。我们生活在一个前所未有的状态，这种状态缩小着民族、国家、文化的差异。参与世界文化交流和商务交易的任何中国人，都应该提醒自己："我不但代表我自己，我还代表着中国人的形象。我的一举一动都在告诉世界：看，这就是中国人！"你希望展现给世界一个什么样的形象？让他们仍然把我们看成是正在进化发展的蛮夷，还是与发达国家平等的文明人？是让西方发达国家对我们的举止同情、原谅，还是让他们从心底对中国人充满敬意？中国人在国际上的形象由你在国际交往中来建立！

值得一提的是，顺应国际的标准，迅速遵循国际交往的基本准则，建立信任和理解，对于参与国际商务交往的商人变得更加紧迫。对于商人而言，具有国际标准的举止行为和外表形象是打开国际商务大门、取得信任的第一步。进入 WTO 后的中国迫在眉睫地需要国际化，掌握世界商务交流的原则，缩短取得信任的过程。得不到信任就失去商机，建立一个国际化的商人形象，就是在无言地告诉对方："我们具有共同的商务语言，我们可以互相信任！"

第 37 节　诚信——你的形象价值百万

迟笑兰是北京的一位管理咨询师，善于演讲的特长使笑兰成为行业里崭露头角的新人。这个时代，只要出书立著就有可能成为品牌人物而变得身价不凡，笑兰也苦思创作作品。好事从天降，一天她接到一个海南的电话，邀请她在一本由“集体创作”的书上署名，并且将会给她 2 万元的“署名费”。笑兰纳闷，虽说自己渴望著书立传，但是，世上怎么能够有这样好的事情，“别人帮助自己写了书，还要给自己好处费？什么叫做集体创作？集体创作的书又会是什么样？”好奇心下，笑兰要求先看一看书的目录和书名。

看了书名和目录，笑兰发现了问题。原来，这本书名是模仿自己正在读的一本畅销书，八个字的书名和那本畅销书仅有两字之差，稍不注意，就会误以为是那本畅销书。这个“集体创作”的作品的目录几乎是那本畅销书的翻版，好像是照猫画虎的模仿复制品，就如同把“东施效颦”改成了“北施效颦”，把“鹦鹉学舌”改成了“八哥学舌”。更加让她感到好笑的是，这本书的实质就是讲两个字——诚信。而这个集体创作组只看到畅销书带来的好处，却没有看到书中传递的理念。笑兰质疑：“为获取利益，而巧妙地借用别人的品牌，这和偷窃有什么区别？他们讲什么诚信？和这样的人打交道产生的后果不可预测！在一本剽窃的作品上署名，不但会毁掉在咨询界创立的诚信，自己的良心都不会安静！”虽然出书立著能够让她迅速出名，但是，这种知识偷盗的行为让笑兰感到可耻，她拒绝了对方的邀请。

两年之后，笑兰所主持的专栏让她赢得了名望，她成就了自己个人的品牌。今天，她已经拥有了自己的咨询公司，诚信是她的公司的价值核心。一次偶然的机会，她结识了那本畅销书的作者，得知要她署名的书已经被作者起诉。来自良心的真诚使得她免于成为被告，也成就了自己的品牌。

形象设计不仅是外表的包装，而且是一整套生命价值观的展示。价值观也并不只是发生在头脑中的观念，而是影响着我们的一举一动。真正让我们脱颖而出的，是价值观所主宰的行动和杰出的外表。

《你的形象价值百万》的目的就是传递一个信息："请相信我！"形象表达了个人诚信的价值观，在商业活动中，诚信是品牌的价值核心；在个人事业的历程中，诚信也是一个人走向成功的永恒的、无价的资本。无论时代如何变化，外在的形象会与时俱进，而人的精髓品性是永不变化的，诚信就是人最高贵的品性。

诚信，是多少金钱都难以买到的品格。然而也是一个有内在道德之人最容易做到的，只要你相信诚信的价值，就能够坚守诚实的品德。诚信来自心念，不是能够装出来的。如果利欲熏心，就会轻易地忘记诚信。诚信包含了真诚和信任，真诚意味着不弄虚作假，不欺骗别人，真诚地对待自己，真诚地对待别人，坚守自己的诺言。

外表的形象仅仅是外在的，而外表要表达的是内在的价值。价值百万的形象是一个目标，而不是手段。目标就是要成为真正具有价值百万的可信度的人，打造价值百万的个人品牌。前面的章节一再重申，"你怎么也装不成你不是的那种人""你一张口我就了解你"，就是告诉我们要不断地强化内在的修养以成为可信之人。

引人注目的形象会带来机会，而诚信才是形象的核心。

今天，品牌是一种新型的竞争力，在芸芸众生中脱颖而出的方式就是建立个人的品牌。美国市场营销专家莱瑞赖特指出："拥有市场比拥有工厂更为重要。拥有市场的唯一方法就是拥有占领统治地位的品牌。"个人品牌是引领我们事业成功的资本。这个品牌就是你所传递的形象，就是一种自我声明。在纷乱、浮躁的人群中，建立品牌意味着你要思考，你将给世界一个什么样的印象？你将如何取得外界的信任和依赖？我们的一举一动都在告诉别人我们的价值观，我们是值得信任的还是不可靠的。没有经过思考的形象，就会被本能、利益所驱动。

美国的品牌专家卡尔思皮克这样描述品牌："无论企业品牌还是个人品牌，所有出色的品牌都以一个明确的信仰体系为基础。""在商业界，具有最出色品牌的企业在内部也拥有最出色的价值观。"而这种价值观和外表的结合，让它们成为出色的品牌。无论你的包装多么出色，无论公司的标志多么具有新意，口号喊得多响亮，我们只选择那些可靠、稳定、具有诚信的公司。因为，品牌产生了这种奇妙的力量，让我们相信它们一贯恪守自己相信的东西——自己的价值观。这也是建立个人品牌、个人形象的最关键之处——如何建立我们的诚信度。

我们在建立成功的形象的同时，要提升内在的价值，诚信就是建立我们个人品牌的核心。在今天浮躁的社会，"忽悠"能够让我们成名，却成不了品牌。因为，一个不能反映内在核心的形象绝不是品牌，诚信就是"忽悠"大沙漠中一块希望的绿洲，诚信是让我们脱颖而出的价值核心，是打开未来成功之路的大门。而这个时代的错觉就是人们以为"忽悠"比诚信更能够成功，很多人为了走捷径，获得短期利益走上不诚信的道路，这就是为什么如此多的人在奋斗，而如此少的人成为品牌。

价值百万的形象就是自我的品牌，这个品牌不是掩饰空洞内在的浮华包装，而是为了有效地传递信息——"我是诚信的"。引人注目的形象会带来机会，而诚信才是形象的核心。诚信是受尊敬、被信任的做人之道，是商业成功之道。我们相信好品质的产品，也会相信好品质的人，诚信意味当你设想将自己的保险柜的钥匙交给谁的时候，就不难发现，我们信任他人的第一个原则就是诚实、可靠。

着好品德的人。

在世界各地，在任何时代，欺骗、不诚实、说谎、偷窃都被列为最可恨的个人品性，如同过街的老鼠人人喊打。欺骗、不诚实是个人品牌的致命杀手，意味着丧失了灵魂。诚信是区别人和动物的道德品质，动物的价值观建立在本能之上，动物看到食物就会口吐唾液，猛扑上去，而人却有内在的尊严，坚守道德才使得我们不被本能所驱动。我们必须注意那些为了获取经济利益，而急功近利、不守诚信的行为，它们会扼杀我们价值百万的形象，仿造、伪装、模仿、抄袭其他的品牌都会毁坏我们可能建立的品牌。

想一想在我们日常的生活中，我们最信任谁？为什么信任他们？当你设想将自己保险柜的钥匙交给谁的时候，就不难发现，我们信任他人的第一个原则就是诚实、可靠。这就是为什么诚信是个人形象中的最高品质。诚信是个人品牌的灵魂，离开了诚信，一个人就丧失了品牌的价值核心，就如同一个人丧失了灵魂，没有人会信赖、追随丧失了灵魂的人。诚信是人的最高道德，心理学家讲到道德的定义时，就提出了道德就是真诚。

在企业品牌中诚信是企业之灵魂，品牌公司每年花费千百万维护自己品牌的诚信，一旦丧失了诚信，品牌就失去了市场。有人说可口可乐公司今天倒闭，明天就有银行家追着他们贷款。为什么？因为可口可乐已经创造出了诚信的形象，任何一个人都知道它是值得信赖的品牌。中国品牌海尔的核心价值就是真诚，海尔的口号是“真诚到永远”，正是这个真诚的理念使得海尔也因此走出中国，成为世界品牌。

无论那些品牌专家用多么华丽的术语讲述多么动听的品牌故事，我们之所以买品牌的原因却很简单，因为我们信任品牌，我们买海尔就是买到了信任，品牌的核心是诚信。根据研究，在所有商品和服务类别中，对于不熟悉的品牌而言，人们更愿意为已知的品牌多付出12%的费用，可口可乐公司的品牌价值占市场价值的一半。成为品牌的好处就是人们愿意付出更高的价格来买信任感，这也就是为什么无论世界奢华品牌被仿造得多么逼真、惟妙惟肖，甚至完全相同，而仿造品都卖不出好价钱的原因。仿造的东西是没有诚信的，没有诚信就没有价值。品牌带有企业和个人的灵魂，而模仿、复制、伪造品是没有灵魂的，无论这种伪造品是文物还是其他，没有灵魂就没有诚信。《你的形象价值百万》传授的最核心的内容就是，用自己的内外在形象传递诚信的理念，我们要真实地做自己。

在营销行业中，人们有一种错觉，以为急功近利，采用各种心理战术就能够迫使顾客掏出钱包，而这很容易导致一次性的销售，丧失了顾客回头的机会。被业绩的目标所驱动，每见到一个顾客就把对方看成是下一个牺牲品，强行推销的方式毫无结果。美国品牌专家卡尔斯皮克在《个人的品牌》中一针见血地指出，推销行业的基本重点不是如何把生意做成，而是如何建立让人信任的关系。《你的形象价值百万》的目的就是建立信任的关系，这种关系并不是为了欺骗他人而华丽地包装自己，而是最好地展示我们的内在价值，传递让人信任的信息。如果没有诚信的信念、行为，价值亿万的形象也只是掩耳盗铃的自我欺骗而已！真正具有价值的形象，不仅仅是外表的包装、内在的修炼，还要有诚信的道德品质。

诚信还包含要真诚地表达真实的自己，而不是照猫画虎，鹦鹉学舌，说自己不懂的话，做自己不懂的事情。如果自己都不懂得诚信，还如何能够教给别人诚信呢？我们怎么能够相信他们所说的话呢？离开了真诚，就不能够维护价值百万的形象。一个人穿着名牌，举止优雅，却没有真诚的信念，没有内在的道德，即使站在了人群的前沿，依然掩饰不住空洞的心灵，又怎能得到信任？欺骗的行为首先开始于内心，当这种精神病毒开始泛滥，就开始腐蚀心灵。而一个病态的心灵，又如何能传递出诚信的信息？没有真诚的信念，没有真诚地对待自己和别人，就无法打动自己，更加无法打动别人。当我们真诚待人，自己也感到自信。真诚使得我们成为内外一致的人，伪装就如同穿着不合适的衣服，不符合自己的真实形体。

形象是在传播诚信的理念，如果不能够做一个诚信之人，如何能够让别人相信我们？自我形象设计不是照本宣科、照猫画虎，深厚的修养、道德品性比外表的装扮更加重要。诚信的观念不是仅仅在商业交易中才体现每一个平凡的细节之中无不表现出“诚信”还是“欺骗”，生活中的一点一滴都是修炼诚信的机会。

出来，在每一个平凡的细节之中无不表现出“诚信”还是“欺骗”，生活中的一点一滴都是修炼诚信的机会。诚信是我们这个时代人格中最优秀的品质，是商业中最高价值的商品，也是形象设计的终极原则。无论是做一个形象设计师，还是做一个具有价值百万形象的人，首先要做一个值得被信任的人。

英格丽建议：

没有奇妙的方法做到诚信，只有我们自己的良心。

参考资料

1.Bass,B.N.(1985).Leadership and Performance Beyond Expectations.New York:Free Press.

2.Bolton,Robert.(1986).People Skills.New York:Simon&Schuster.

3.Burns,J.M.(1978). Leadership. New York:Harper and Row.

4.Carnegie,Dale.(1998).How to Win Friends and Influence People. London:Vermilion.

5.Chemers,Martin M.(1997).An Integrative Theory of Leadership. London:Lawrence Erlbaum Associates,Publishers.

6.Conger,J.A. and Kanungo,R.N.(1998).Charsmatic Leadership in Oranizations, New York:Sage Publicaitons.

7.Curtis,Dan B.,Floyd,James and Jerry Winsor.(1992).Business and Professional Communication. New York:Harper Collins Publishers Inc.

8.Dimitrius,Jo-Ellan and Mark Mazzarella.(1999).Reading People. London:Vermilion.

9.Eldin,Peter and Angela Lansbury.(1997).The Complete Speechmaker. London:Ward Lock.

10.Furnham,Adrian.(2000).Body Language at Work.London:Chartered Institute of Personnel and Development.

11.Garfinkel,Perry and Brian Chichester.(1997).Maximum Style. Pennsylvania:Rodale Press,Inc.

12.Gross,Kim and Jeff Stone.(1996).Work Clothes.London:Thames and Hudson Ltd.

13.Hargie,Owen,Saunders,C.and Dickson,David.(2000).Social Skills in Interpersonal Communication, New York:Boutledge.

14.Hock,Roger.(1999).Forty Studies That Changed Psychology.NJ:Prentice Hall.

15.Jacobsen,Chanoch and House,Robert J.Dynamics of Charismatic Leadership,A Process Theory,Simulation Model,and Tests.The Leadership Quarterly 12 (2001) 75-112.

16.Mather,Diana.(1996).Image Work For Man,London:Harper Collins Publishers.

17.Molloy's,John T.(1988).Dress For Success. New York:Warner Books.

18.Nichols,R.G. and Stevens,L.(1957).Are you Listening? New York:McGraw-Hill.

19.Roetzel,Bernhard.(1999).Gentleman,A Timeless Fashion. Cologne:Konemann Verlagsgesellschaft,MbH.

20.Shanir,B.,House,R.J.,and Arthur,M.(1993).The Motivational Effects of Charismatic Leadership: A Self-Concept Based Theory. Organization Science 4,577-594.

21.Spillane,Mary.(1997).Presenting Yourself.London:Judy Piatkus Publishers Ltd.

22.Weber,Mark.(1997).Dress Casually For Success For Men. New York:GcGraw-Hill.

23.《他为什么是富人》，古古，中国三峡出版社（2002）。

24.《个人领导力培训》，英格丽张译，伦敦个人领导力发展中心（2000）。